全国高等教育教材·北大版留学生专业汉语教材

医学汉语

实习篇 II

总主编 周小兵

主编 莫秀英

中山大学国际交流学院科研基金项目资助

参编学校

大理学院
复旦大学
广西医科大学
江苏大学
南京医科大学
苏州大学
天津医科大学
西安交通大学
郑州大学
东南大学
赣南医学院
海南医学院
南方医科大学
四川大学
泰山医学院
温州医学院
新乡医科大学
中山大学

北京大学出版社

图书在版编目(CIP)数据

医学汉语·实习篇Ⅱ/莫秀英 主编. —北京：北京大学出版社，2009.1
(全国高等教育教材·北大版留学生专业汉语教材)
ISBN 978-7-301-14779-5

Ⅰ. 医… Ⅱ. 莫… Ⅲ. 医学–汉语–对外汉语教学–教材 Ⅳ. H195.4

中国版本图书馆 CIP 数据核字(2008)第 195473 号

书　　　名：	医学汉语——实习篇Ⅱ
著作责任者：	莫秀英　主编
正文插图：	曹　玲
责任编辑：	吕幼筠　贾鸿杰
封面设计：	毛　淳
标准书号：	ISBN 978-7-301-14779-5/H·2183
出版发行：	北京大学出版社
地　　址：	北京市海淀区成府路205号　100871
网　　址：	http://www.pup.cn
电　　话：	邮购部 62752015　发行部 62750672　编辑部 62752028　出版部 62754962
电子邮箱：	lvyoujun99@yahoo.com.cn
印　刷　者：	北京圣夫亚美印刷有限公司
经　销　者：	新华书店
	787毫米×1092毫米　16 开本　15.5 印张　400 千字
	2009 年 1 月第 1 版　2024 年 1 月第 6 次印刷
定　　价：	48.00 元(附 MP3 盘 1 张)

未经许可，不得以任何方式复制或抄袭本书之部分或全部内容。
版权所有，侵权必究　举报电话：010-62752024
　　　　　　　　　　　电子邮箱：fd@pup.pku.edu.cn

总主编　周小兵(中山大学)
主　编　莫秀英(中山大学)
副主编　林华生(中山大学)
　　　　张　曦(南京医科大学)
　　　　乐　琦(南方医科大学)
　　　　邓淑兰(中山大学)

本书编辑委员会

南方医科大学　　郑道博　乐　琦
南京医科大学　　冯振卿　张　曦
四川大学　　　　方定志
天津医科大学　　郭凤林
温州医学院　　　陈肖鸣
西安交通大学　　宋玉霞
中山大学　　　　周小兵　刘传华　莫秀英　林华生　邓淑兰

编写者

大理学院　　　　张如梅
东南大学　　　　陶　咏　佟　迅
复旦大学　　　　梁　进
赣南医学院　　　钟富有
广西医科大学　　周红霞　王　晨
海南医学院　　　张峻霄
江苏大学　　　　江永华　吴卫疆
南方医科大学　　乐　琦　熊　芳　田　雯
南京医科大学　　张　曦　刘　娜
四川大学　　　　谢　红
苏州大学　　　　何立荣　林齐倩
泰山医学院　　　李　楠　王松梅　肖　强　王　倩
天津医科大学　　石再俭
温州医学院　　　胡　臻
西安交通大学　　李馨郁
新乡医学院　　　郗万富
郑州大学　　　　马玉汧
中山大学　　　　莫秀英　林华生　邓淑兰　陈晓阳

英文翻译　唐永煌　邓晋松　张　羿　莫　伟
英文审订　张海青　廖海青　倪晓宏　罗　斌　于苇凌

序

《医学汉语——实习篇》是一套 Special Purpose Chinese 教材。Special Purpose Chinese,有人翻译成"特殊用途汉语",有人翻译成"专用汉语"。前者是直译,后者是意译。我更倾向于使用后者。

专用汉语跟通用汉语有很大的区别。后者是一般学习者学习用的,前者是为了某种专门需要而学习用的。这两种汉语反映在教学实施和教材编写上,也有许多不同。如词汇选择,专用汉语跟通用汉语就明显不同。"感冒"、"嗓子"、"不舒服"等是通用词汇,"呼吸道"、"感染"、"支气管"、"扩张"等是医科专用词汇。除了词汇,专用汉语教材的课文、注释、练习等项目都跟通用汉语不同。

一般来说,专用汉语可以大致分为两个方面:专业汉语、职业汉语。专业汉语是为了使学习者能用汉语学习某个专业而设置的,如医科汉语、商科汉语。专业汉语有时涉及面比较广:如科技汉语,是为了用汉语学习理工科专业而设置的;社科汉语,是为了用汉语学习社会科学专业而设置的。职业汉语是为了让学习者从事某项职业而设置的,如商务汉语、法律汉语。学习者可能已经掌握了相关专业,但不懂汉语,必须通过这种学习,使自己能在某种程度上用汉语从事相关职业。

不难看出,专用汉语不但跟通用汉语有别,而且难度比较大。一种语言作为外语学习和使用,往往先从通用语言开始,发展到一定程度,才会需要专用语言。近几年,对专用汉语,如医科汉语、商科汉语的需求迅速增加,说明汉语在国际上的影响越来越大,地位越来越高。

一般的教材编写有几个阶段:准备阶段、实施阶段、修订阶段。《医学汉语——实习篇》的编者,在这几个阶段都做足了功课。比如说,准备工作:首先,编写者大多教过医科留学生基础阶段的通用汉语课程,不少还上过医学汉语课,有较为丰富的经验。其次,主编莫秀英和副主编林华生专门对进入见习实习阶段的留学生做了问卷调查和询问调查,了解使用者的需求。编写大纲的初稿,就建立在事实调查的基础之上。最后,主编召集大部分编写者(十几所高校的老师)在中山大学开过一个专门的研讨会,仔细讨论了教材编写大纲和具体的编写分工、程序等。

　　实施阶段的动作也做得相当好。前面讲过,专用汉语不同于通用汉语的最大特点,在于二者的词汇选择不同。如何选择词汇,是医科实习汉语教材的第一关。这部教材从学习医科的本科生实习的实际需求为依据,合理选择在住院部实习时经常要使用的词汇,作为词汇教学的主要内容。此外,该教材在句式选用和课文、练习的设计也有不少特点。如课文设计,考虑到实习的基本需要,有对话也有成段表达。而这些对话或成段表达都可能在实习医生和病人之间、或者实习医生和指导医生之间产生。练习的设计,既考虑到实习汉语的要求,也考虑到学习者的实际水平和学习兴趣,形式灵活多样。此外,这部教材在词汇量控制、课文长度、课时容量、练习量等方面都有仔细的斟酌和认真的考量。

　　目前,在中国大陆学习医科的外国留学生有一万多人,而且人数还会持续增长,需求还会不断增加。跟其他专用汉语教材一样,医科汉语教材的编写才刚刚开始。我们相信,随着时间的推移,随着教学实践的发展,医科汉语跟其他专用汉语教材一样,会不断积累经验,越编越好。

周小兵
2007 年 11 月 12 日

编写说明

《医学汉语——实习篇》是一套针对临床医学专业全英语教学外国留学生到中国医院见习、实习而编写的教材。《医学汉语——实习篇 II》的使用对象一般应学过基础汉语,掌握《汉语水平词汇与汉字等级大纲》中的甲、乙级词汇或《高等学校外国留学生汉语教学大纲》(长期进修)中的初级阶段词汇1500~2000个左右,掌握基本的汉语语法和常用句式,HSK成绩达到四级左右。同时也适合具有一定汉语水平、对医学汉语感兴趣的外国人使用。

教材编写之前,我们以座谈和问卷两种形式对正在实习或已经完成实习阶段的外国留学生进行调查,调查内容是见习和实习阶段使用汉语的情况。根据调查结果及各院校老师的教学经验,我们确定了本教材的内容和生词范围。

本教材的内容主要是医院住院部各科室常用的汉语,也涉及一些门诊常用的汉语,以说和听为主,兼顾写。具体来说,包括医院各科室的中文名称、常用药物的中文名称、人体各种结构的中文名称、常见病的中文名称、各种常见病主要症状及体征的汉语表达、实验室检验报告及病历的书写、住院部里医生与病人的日常用语、实习生与指导医生的日常用语等。

虽然使用本教材的学生的汉语水平只达到初级,但根据课程设置的目的和使用对象对教材实用性的要求,本教材选用生词不以《汉语水平词汇与汉字等级大纲》中的甲、乙级词汇或《高等学校外国留学生汉语教学大纲》(长期进修)中的初级词汇为标准,而以医院住院部和门诊部常用的词汇为标准。因此,生词中大部分是超纲词,这是本教材不同于普通汉语教材之处,也是本教材以实用性为主的特色。我们认为,这些词对一般人来说是超纲的,因为使用频率非常低;但对到医院见习和实习的留学生来说并不算超纲,因为使用频率非常高,所以掌握这些词汇对他们的见习和实习都非常有用。

整套教材分Ⅰ、Ⅱ、Ⅲ三册,每册17课,共51课。每课容量约为4课时。各课内容根据我国三甲医院住院部各科室纵向排列,比较重要的科室(如内、外、妇、儿等)课数较多,个别科室只用1课。每课由生词语、课文、注释、练习、附录组成。

生词语每课约18~25个,每个词有汉字、拼音、词性、英文翻译。

课文由1~2个对话和1个成段表达构成。课文的角色主要由2~4位留学生充当,贯穿整套教材;每课另有不固定的指导医生、病人等。课文内容是医院里实习生之间以及实习生与指导医生、病人、病人家属、护士的对话或成段表述。

注释包括课文中出现的语法难点和常用语、常用格式、常用句式以及专业词语的解释。针对使用对象的特点,每项注释都附有英文翻译。

练习部分注重说、听、写三方面的训练,每课有8~10道练习题。题型有听与读、替换与扩展、看汉字写拼音、看拼音写汉字、选词填空、根据问句写出答句、根据答句写出问句、完成对话、看图对话、根据话题成段表述、把短文改成对话、把对话改成短文、有信息差的模拟交际练习、词语搭配、组词、根据情景问问题、根据情景回答问题等。

  附录部分是一些常用专业词语或跟课文内容相关的常用词语，包括汉字、拼音、英文翻译。这部分词语不要求课堂内讲授，只作为学生扩充词汇量的一个参考。

  课文、生词语及部分练习配有MP3,以方便进行听说教学。

  本教材在中山大学国际交流学院周小兵教授的组织指导下，由十八所高等院校合作编写而成。参加Ⅱ册编写的院校有中山大学、南京医科大学、南方医科大学、复旦大学、东南大学、西安交通大学、四川大学、天津医科大学、广西医科大学、郑州大学、江苏大学、苏州大学、泰山医学院、温州医学院、新乡医学院、赣南医学院、海南医学院、大理学院。中山大学国际交流学院莫秀英任主编，负责总体设计、统稿、审稿及部分稿件的修改。林华生(中山大学)、张曦(南京医科大学)、乐琦(南方医科大学)、邓淑兰(中山大学)任副主编，负责部分稿件的审阅、修改。莫秀英、乐琦、邓淑兰负责校对。课文编写、生词确定由莫秀英、林华生、张曦、乐琦、邓淑兰完成；注释点确定及编写由主编及部分教师完成；练习和附录由各院校参编教师完成，莫秀英、乐琦、张曦、林华生、邓淑兰修改。生词、注释、课文和附录的英文翻译由暨南大学第一附属医院唐永煌教授、南方医科大学留学生管理部邓晋松先生(留英MBA)和广东省第二中医院张彝医师、莫伟医师负责。英文审订由中山大学外语学院张海青副教授、廖海青副教授、中山大学北校区外语中心倪晓宏副教授及罗斌、于苇凌负责。全书由周小兵教授审订。

  在编写过程中,我们参阅了大量网上资料,在此特对在网上提供相关资料的作者表示感谢。

  本教材的顺利完成,得到了北京大学出版社吕幼筠、贾鸿杰两位编辑的大力支持和帮助,在此表示由衷的感谢。我们还要感谢中山大学留学生办公室主任刘传华先生,他为组织、联系各院校编写本教材做了大量的工作。还要感谢中山大学国际交流学院的吴门吉博士,她在教材的设想阶段为我们设计了调查问卷,对整个教材的总体设计帮助甚大。还要感谢中山大学留学生办公室的陈佩中先生和陈宇英女士,他们热心地为我们组织留学生进行座谈和问卷调查。最后我们要感谢中山大学中山医学院的外国留学生,他们不仅热情地配合我们做调查,还主动给我们提供对临床见习、实习有帮助的书目,甚至无偿赠送一些非常实用的图书。本书在编写过程中,也得到各相关院校领导的大力支持,在此一并表示衷心感谢。

  本书是医学专业实习汉语教材的一个新尝试,错漏之处在所难免,敬请同行和读者批评指正。

编 者 zhuzimxy@163.com
2009年元月于广州康乐园

目 录

第 一 课
　　您得的应该不是肿瘤　1

第 二 课
　　刚从急诊室转来一位病人　11

第 三 课
　　太早做手术并不好　22

第 四 课
　　病人已经有继发感染　31

第 五 课
　　他怎么会突然复发？　41

第 六 课
　　看来病人一直没去正规医院治疗　51

第 七 课
　　怎么会骨折呢？　63

第 八 课
　　今天您觉得膝盖还疼吗？　73

第 九 课
　　还是做输尿管切开取石术比较好　83

第 十 课
　　你得了青春期慢性前列腺炎　93

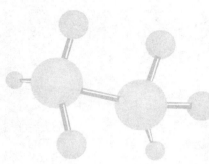

第十一课
　　化疗和放疗的目的一样吗？ **105**

第十二课
　　我得的是不是恶性肿瘤？ **116**

第十三课
　　现在肿瘤太大了，不适合做手术切除 **128**

第十四课
　　他要尽早接受手术治疗 **141**

第十五课
　　老年人容易发生骨折 **155**

第十六课
　　这种病跟怀孕没有关系 **166**

第十七课
　　这种情况是不是要进行引产？ **179**

附　录　一
　　参考译文 **190**

附　录　二
　　交际活动 **224**

附　录　三
　　练习参考答案 **226**

附　录　四
　　词汇总表 **229**

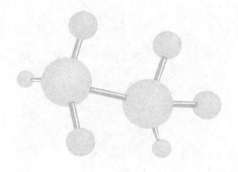

第一课　您得的应该不是肿瘤

一、生词语

1. 肿瘤	zhǒngliú	（名）	tumor
2. 肿块	zhǒngkuài	（名）	lump
3. 腹股沟	fùgǔgōu	（名）	groin
4. 胀痛	zhàngtòng	（名）	feeling bloated and pain
5. 鼓	gǔ	（动）	to protrude
6. 便秘	biànmì	（名/动）	constipation; to constipate
7. 疝气	shànqì	（名）	hernia
8. 蒂	dì	（名）	pedicel
9. 柄	bǐng	（名）	handle
10. 前列腺	qiánlièxiàn	（名）	prostate
11. 干活儿	gàn huór		work
12. 柔软	róuruǎn	（形）	soft
13. 光滑	guānghuá	（形）	smooth
14. 有关	yǒuguān	（动）	have sth. to do with
15. 处理	chǔlǐ	（动）	deal with
16. 增大	zēngdà	（动）	to enlarge
17. 修补	xiūbǔ	（动）	to repair
18. 观察	guānchá	（动）	to observe
19. 纤维	xiānwéi	（名）	fibre
20. 韭菜	jiǔcài	（名）	Chinese chive
21. 通畅	tōngchàng	（形）	go through easily
22. 防止	fángzhǐ	（动）	to prevent
23. 万一	wànyī	（连）	in cast
24. 伤口	shāngkǒu	（名）	wound
25. 睾丸	gāowán	（名）	testis
26. 缩小	suōxiǎo	（动）	to dwindle

二、课　文

zhǐdǎo yīshēng —Zhāng Míng
指导　医生——张　明

shíxíshēng— Kǎqí
实习生——卡奇

pǔtōng wàikē bìngrén— Wáng Zhìhóng (nán, sānshíqī suì)
普通　外科　病人——王　志宏　（男，　37　岁）

1. 会话

卡　奇：张老师，16床刚收了一位病人，您现在要去看一下儿吗？

张　明：我等会儿要做一个很重要的手术，你先帮我去问一下儿病情吧。

卡　奇：好，我马上就去。

王志宏：医生，我小肚子上长了个**肿块**，我一定是得肿瘤了！

卡　奇：您别着急，我看看，肿块在哪里？

王志宏：这里。

卡　奇：噢，是右侧**腹股沟**。什么时候发现有肿块的？

王志宏：前天上午搬东西的时候突然觉得肚子**胀痛**，下午就发现肚子上**鼓**出来一块，晚上睡觉的时候又消失了。医生，这是怎么回事啊？

卡　奇：您还有别的症状吗？比如咳嗽、**便秘**？

王志宏：我经常便秘。

卡　奇：您得的应该不是肿瘤，可能是**疝气**。

Kǎqí:	Zhāng lǎoshī, shíliù chuáng gāng shōule yí wèi bìngrén, nín xiànzài yào qù kàn yíxiàr ma?
Zhāng Míng:	Wǒ děng huìr yào zuò yí ge hěn zhòngyào de shǒushù, nǐ xiān bāng wǒ qù wèn yíxiàr bìngqíng ba.
Kǎqí:	Hǎo, wǒ mǎshàng jiù qù.
Wáng Zhìhóng:	Yīshēng, wǒ xiǎodùzi shang zhǎngle ge zhǒngkuài, wǒ yídìng shì dé zhǒngliú le!
Kǎqí:	Nín bié zháojí, wǒ kànkan, zhǒngkuài zài nǎli?
Wáng Zhìhóng:	Zhèli.
Kǎqí:	Ō, shì yòucè fùgǔgōu. Shénme shíhou fāxiàn yǒu zhǒngkuài de?
Wáng Zhìhóng:	Qiántiān shàngwǔ bān dōngxi de shíhou tūrán juéde dùzi zhàngtòng, xiàwǔ jiù fāxiàn dùzi shang gǔ chulai yí kuài, wǎnshang shuìjiào de shíhou yòu xiāoshī le. Yīshēng, zhè shì zěnme huíshì a?
Kǎqí:	Nín hái yǒu biéde zhèngzhuàng ma? Bǐrú késou, biànmì?
Wáng Zhìhóng:	Wǒ jīngcháng biànmì.
Kǎqí:	Nín déde yīnggāi bú shì zhǒngliú, kěnéng shì shànqì.

2. 会话

张　明：16床的情况怎么样？

卡　奇：他腹股沟区有肿块，而且感觉胀痛。

张　明：什么样的肿块？

卡　奇：肿块呈带**蒂柄**的梨形。病人自己说肿块在站立、行走时出现，平卧时消失。

张　明：有点儿像腹股沟疝啊。病人有慢性咳嗽或者便秘、**前列腺**肥大的病史吗？

卡　奇：他经常便秘。另外，他是一名建筑工人，**干**的都是重体力的**活儿**。

张　明：噢，这就更有可能了。

卡　奇：触诊时感觉到病人的肿块**柔软**、**光滑**。

张　明：嗯，腹股沟疝一般不难诊断。走，我们再去给病人检查一下儿。

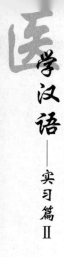

Zhāng Míng: Shíliù chuáng de qíngkuàng zěnmeyàng?
Kǎqí: Tā fùgǔgōu qū yǒu zhǒngkuài, érqiě gǎnjué zhàngtòng.
Zhāng Míng: Shénmeyàng de zhǒngkuài?
Kǎqí: Zhǒngkuài chéng dài dǐbǐng de líxíng. Bìngrén zìjǐ shuō zhǒngkuài zài zhànlì, xíngzǒu shí chūxiàn, píngwò shí xiāoshī.
Zhāng Míng: Yǒu diǎnr xiàng fùgǔgōushàn a. Bìngrén yǒu mànxìng késou huòzhě biànmì, qiánlièxiàn féidà de bìngshǐ ma?
Kǎqí: Tā jīngcháng biànmì. Lìngwài, tā shì yì míng jiànzhù gōngrén, gàn de dōushì zhòng tǐlì de huór.
Zhāng Míng: Ō, zhè jiù gèng yǒu kěnéng le.
Kǎqí: Chùzhěn shí gǎnjué dào bìngrén de zhǒngkuài róuruǎn, guānghuá.
Zhāng Míng: Èn, fùgǔgōushàn yìbān bù nán zhěnduàn. Zǒu, wǒmen zài qù gěi bìngrén jiǎnchá yíxiàr.

3. 成段表达 (卡奇对病人王志宏说)

王先生,根据您的身体检查结果,我们确诊您得了腹股沟疝。这可能跟您干重体力活儿和长期便秘**有关**。腹股沟疝如果不及时**处理**的话,疝块会慢慢**增大**,所以我们准备为您做疝**修补**手术,这几天先对您进行手术前的**观察**。手术前的这段时间,不能抽烟、喝酒。手术后,在饮食方面,您要多吃些瘦肉、鸡蛋或者多喝牛奶,这些食物蛋白质含量高,可以帮助您身体的恢复。粗**纤维**的蔬菜,比如**韭菜**,能使排便**通畅**,**防止**疝气复发,您也要多吃一些。另外,平时您还应注意保暖,防止着凉引起咳嗽,**万一**咳嗽,要用手按压**伤口**。如果发现疝气复发或者手术那一侧的**睾丸缩小**,您要及时到医院检查。

Wáng xiānsheng, gēnjù nín de shēntǐ jiǎnchá jiéguǒ, wǒmen quèzhěn nín déle fùgǔgōushàn. Zhè kěnéng gēn nín gàn zhòng tǐlì huór hé chángqī biànmì yǒuguān. Fùgǔgōushàn rúguǒ bù jíshí chǔlǐ dehuà, shànkuài huì mànmānr zhēngdà, suǒyǐ wǒmen zhǔnbèi wèi nín zuò shàn xiūbǔ shǒushù, zhè jǐ tiān xiān duì nín jìnxíng shǒushù qián de guānchá. Shǒushù qián de zhè duàn shíjiān, bù néng chōuyān, hējiǔ. Shǒushù hòu, zài yǐnshí fāngmiàn, nín yào duō chī xiē shòuròu, jīdàn huòzhě duō hē niúnǎi, zhèxiē shíwù dànbáizhì hánliàng gāo, kěyǐ bāngzhù nín shēntǐ de huīfù. Cū xiānwéi de shūcài, bǐrú jiǔcài, néng shǐ páibiàn tōngchàng, fángzhǐ shànqì fùfā, nín yě yào duō chī yìxiē. Lìngwài, píngshí nín hái yīng zhùyì bǎonuǎn, fángzhǐ zháoliáng yǐnqǐ késou. Wànyī késou, yào yòng shǒu ànyā shāngkǒu. Rúguǒ fāxiàn shànqì fùfā huòzhě shǒushù nà yí cè de gāowán suōxiǎo, nín yào jíshí dào yīyuàn jiǎnchá.

三、注释

1. 腹股沟

大腿和腹部相连的部位。

Groin refers to the upper part of the thighs which meets the lower part of the abdomen.

2. 便秘

指大便次数少或排便困难,也指粪便坚硬或排便不尽的感觉。

Constipation refers to the condition in which bowel movements occur less than usual or consist of hard, dry stools that are painful or difficult to pass. A constipated person may also have a feeling of not emptying the bowels completely.

3. 疝气

"疝"是一种病,指某一脏器通过周围组织较薄弱的地方而鼓起。头、膈、腹股沟等都可能发生这种病。

Hernia is a disease in which a bulge or protrusion occured surrounding the weak tissues in a viscera. It can occur in head, diaphragm, groin, etc.

"疝气"通常指腹股沟的疝,症状是腹股沟凸起或阴囊肿大,有时有剧痛感。

Hernia generally refers to an inguinal hernia, the symptoms of which include a bulge in the groin area or a swelling in the testicle, sometimes accompanied by exquisite pain.

4. 肿块呈带蒂柄的梨形(呈……形/状/样)

说明某种事物具有或显示出某种形状或状态时,常用"呈……形/状/样"的格式。"呈"后面常常用人们比较熟悉的具体事物。

When you want to describe something with certain kind of shape, generally use "appear as the form of …" "Appear as the form of …" is usually followed by the concrete things.

5. 前列腺

男子和雄性哺乳动物生殖器官的一个腺体,腺体在膀胱的下面,所分泌的液体是精液的主要组成部分。

A gland within the male reproductive system, which is located below the bladder, the secretion of which is the chief component of semen.

6. 跟……有关

"跟"是介词,引出动作的对象。"跟"后面的介词宾语可以是名词、代词,也可以是主谓短语。"有关"是不及物动词,意思是有关系。"有关"后面不能带宾语,不能带助词"了"、"着"、"过",不能带补语,不能重叠。"跟……有关"格式,在句子中可以做谓语、定语。做定语时,"有关"后面必须带"的"。如:

"跟" is a preposition, educes the object of an action. The preposition object after "跟" can be a noun, a pronoun, or a subject-predicate phrase. "有关" is a verb, which means being relative. "有关" cannot be repeated. Objects, aspect particles such as "了","着","过", or complements cannot be placed after "有关". The structure of "跟……有关" can be a predicate or an attribute in a sentence. When "有关" is an attribute, "的" must be used after it. e.g.

(1) 这件事肯定跟她有关。

(2) 他得肺癌跟他长期吸烟有关。

(3) 你现在要尽量不服或少服跟结石形成有关的药物。

"跟……有关"常用于口语,书面语也可写成"与……有关"、"和……有关"、"同……有关"。

"跟……有关" is often used in oral communication, when it is used in written language, it can also be written as "与……有关","和……有关" or "同……有关".

7. 万一

连词。用在上半句的开头,表示可能性极小的假设,多用于不好的情况或事情。如:

A conjunction used at the head of the first half of a sentence to raise a very unlikely hypothesis, mostly used for an unfavourable thing. e.g.

(1) ~咳嗽,要用手按压伤口。

(2) ~睾丸缩小,要及时到医院检查。

四、练 习

1. 听与读

肿块	大便	腹股沟	疝
肿瘤	小便	腹股沟疝	疝气
肿大	便秘	前列腺	疝块
肿胀	排便	前列腺肥大	疝修补手术
浮肿	排便通畅		
血肿		梨形	出院
		带蒂柄的梨形	住院治疗
		呈带蒂柄的梨形	观察

2. 替换与扩展

(1) 我们确诊您得了<u>腹股沟疝</u>。

　　腹部肿瘤
　　慢性肾炎
　　急性阑尾炎

(2) 我们准备为您做<u>疝修补手术</u>。

　　阑尾切除手术
　　胆囊切除术
　　骨髓移植手术

(3) 平时您还应注意<u>保暖</u>。

　　控制饮食和适当运动
　　多吃高蛋白的食品
　　少吃高胆固醇的东西
　　多吃些粗纤维的蔬菜

(4) 这可能跟您<u>干重体力活儿</u>有关。

　　长期便秘
　　吃粗纤维的蔬菜太少
　　前列腺肥大
　　患腹股沟疝
　　肾功能不全

(5) 万一咳嗽,要<u>用手按住伤口</u>。

　　哮喘再次发作　　　　及时到医院治疗
　　冠心病发作　　　　　尽快含硝酸甘油片
　　确诊为心机梗塞　　　尽快把病人转到心血管内科
　　出现胃穿孔　　　　　尽早进行手术治疗

3. 看汉字，写拼音

肿瘤 _____　　观察 _____　　鼓 _____
光滑 _____　　修补 _____　　前列腺 _____
纤维 _____　　睾丸 _____　　腹股沟 _____
通畅 _____　　增大 _____　　缩小 _____

4. 看拼音，写汉字

shāngkǒu _____　　wànyī _____　　fángzhǐ _____
yǒuguān _____　　chǔlǐ _____　　biànmì _____
shànqì _____　　róuruǎn _____　　gàn huór _____

5. 两人一组完成下列对话并进行互相问答

医生：您的病需要做疝修补手术，这几天先住院_____。
病人：那我需要注意什么问题呢？
医生：不能_____。
病人：手术后我能吃瘦肉、鸡蛋和喝牛奶吗？我最喜欢吃这些东西了。
医生：_____。
病人：我的便秘很严重，排便时能不能用力？
医生：你可以多吃些_____，排便时尽量少用力。
病人：万一我感冒咳嗽，怎么办？
医生：你要用手_____。
病人：出现什么情况时需要到医院检查？
医生：如果发现_____，要及时到医院检查。

6. 想一想，下列情况怎么问病人

(1) 病人很着急地说："我的肚子长了个肿块，我一定是得肿瘤了！"
　　问：_____？

(2) 病人用手指着右侧腹股沟说那里有肿块。
　　问：_____？

(3) 病人告诉你，他上午搬东西时突然觉得肚子胀痛，下午就发现肚子上鼓出来一块儿，晚上睡觉的时候又消失了。
　　问：_____？

7. 根据课文,如果指导医生问你下列问题该怎么回答

(1) 16床的肿块长在哪里?

答:＿＿＿＿＿＿＿＿＿＿＿＿＿＿＿＿＿＿＿＿＿＿＿。

(2) 你觉得是肿瘤吗?为什么?

答:＿＿＿＿＿＿＿＿＿＿＿＿＿＿＿＿＿＿＿＿＿＿＿。

(3) 病人有哪些病史?

答:＿＿＿＿＿＿＿＿＿＿＿＿＿＿＿＿＿＿＿＿＿＿＿。

(4) 病人做什么工作?

答:＿＿＿＿＿＿＿＿＿＿＿＿＿＿＿＿＿＿＿＿＿＿＿。

(5) 做了疝气修补术后,病人需要注意什么?

答:＿＿＿＿＿＿＿＿＿＿＿＿＿＿＿＿＿＿＿＿＿＿＿。

8. 交际性练习(参见附录二)

两人一组,角色 A 看附录二的 14,角色 B 看附录二的 7。

9. 选择合适的词语填空(每个词语只能用一次)

(腹股沟　便秘　防止　万一　通畅　伤口　柔软　前列腺　处理　疝气)

(1) 这个病人的＿＿＿＿＿＿＿有个肿块。

(2) 这个肿块摸上去很＿＿＿＿＿＿＿。

(3) 病人主诉有＿＿＿＿＿＿＿肥大的病史。

(4) 为了＿＿＿＿＿＿＿疝气复发,你要注意保暖。

(5) ＿＿＿＿＿＿＿发生低血糖反应,要及时补充碳水化合物。

(6) 你应该多吃粗纤维的韭菜,使排便＿＿＿＿＿＿＿。

(7) 这段时间你不能干重体力的活儿,不能出汗,要防止＿＿＿＿＿＿＿感染。

(8) 这位病人已经被确诊为＿＿＿＿＿＿＿。

(9) 长期＿＿＿＿＿＿＿会引起不少疾病。

(10) 他的伤口在大量出血,快去＿＿＿＿＿＿＿!

附录：医生日常用具和器械

白大褂	bái dàguà	white lab coat
口罩	kǒuzhào	gauze mask; surgical mask
手套	shǒutào	glove
帽子	màozi	hat
听诊器	tīngzhěnqì	stethoscope
血压计	xuèyājì	sphygmomanometer; blood-pressure meter
体温计（表）	tǐwēnjì(biǎo)	thermometer
叩诊锤	kòuzhěnchuí	percussion hammer
注射器	zhùshèqì	syringe (injector)
压舌板	yāshébǎn	spatula（padded tongue blade）
胶布	jiāobù	adhesive tape
棉球	miánqiú	cotton balls
棉签	miánqiān	cotton stick
纱布	shābù	gauze
血管钳	xuèguǎnqián	vessel forceps
镊子	nièzi	tweezers

第二课　刚从急诊室转来一位病人

一、生词语

1. 急诊室	jízhěnshì	（名）	emergency room
2. 撞	zhuàng	（动）	bump into
3. 范围	fànwéi	（名）	range
4. 间歇	jiànxiē	（动）	intermittent
5. 深呼吸	shēn hūxī		to take a deep breathe
6. 部位	bùwèi	（名）	position; place
7. 全面	quánmiàn	（形）	thorough
8. 胸透	xiōng tòu		chest fluoroscopy
9. 辅助	fǔzhù	（形）	auxiliary
10. 脾	pí	（名）	spleen
11. 破裂	pòliè	（动）	to rupture
12. 明确	míngquè	（形）	clear
13. 外伤	wàishāng	（名）	injury
14. 肌	jī	（名）	muscle
15. 穿刺	chuāncì	（动）	to puncture
16. 凝血	níng xiě		coagulation
17. 肋骨	lèigǔ	（名）	rib
18. 骨折	gǔzhé	（动）	to fracture
19. 积血	jī xiě		hematocele
20. 损伤	sǔnshāng	（动）	to wound
21. 紧急	jǐnjí	（形）	urgent

二、课　文

zhǐdǎo yīshēng — Wǔ Wěi
指导　医生——伍 伟

shíxíshēng— Báiruìdì
实习生——白瑞蒂

gāndǎn wàikē èr chuáng bìngrén— Hóng Zhōng (nán, wǔshí suì)
肝胆　外科2　床　病人——洪　钟　（男，50 岁）

bìngrén jiāshǔ— Yáng Yáng (Hóng Zhōng de qīzi)
病人　家属——杨　洋　（洪　钟　的妻子）

1. 会话

伍　伟：急诊室刚转过来一位病人，白瑞蒂，我们快去看看。

白瑞蒂：好。伍老师，您看，病人脸色苍白，样子也非常痛苦。

杨　洋：医生，我丈夫两小时前腹部**撞**了一下儿，现在疼得很厉害。

伍　伟：怎么撞的？

杨　洋：午饭后，他修理电灯，不小心从桌子上摔了下来，身体左侧撞到椅子上了。

白瑞蒂：洪先生，您能跟我们说话吗？

洪　钟：可以。

白瑞蒂：您只是左胸和腹部疼吗？

洪　钟：刚开始的时候是，后来疼痛的**范围**越来越大，现在整个腹部都疼，还感觉腹胀。

伍　伟：是持续性的疼还是**间歇**性的疼？

洪　钟：持续性的。

伍　伟：受伤后有没有吐血？

洪　钟：没有。

伍　伟：排尿有没有血？

洪　钟：没有。

白瑞蒂：从受伤到现在,您感觉是疼得越来越轻还是越来越重?

洪　钟：越来越重,特别是活动或者**深呼吸**的时候。

伍　伟：除了左腹部以外,其他**部位**有没有受伤?

洪　钟：没有。

白瑞蒂：除了疼痛以外,还有别的症状吗?

洪　钟：我还感觉心慌、有点儿头晕、特别渴。

杨　洋：医生,我丈夫是不是伤得很严重?有危险吗?

伍　伟：您先别着急,我们要为他做**全面**检查。

白瑞蒂：伍老师,我来给病人做触诊检查好吗?

伍　伟：好,做完触诊后让护士带病人去验血、做**胸透**和腹部 B 超检查吧。

Wǔ Wěi:　　　Jízhěnshì gāng zhuǎn guolai yí wèi bìngrén, Báiruìdì, wǒmen kuài qù kànkan.

Báiruìdì:　　Hǎo. Wǔ lǎoshī, nín kàn, bìngrén liǎnsè cāngbái, yàngzi yě fēicháng tòngkǔ.

Yáng Yáng:　　Yīshēng, wǒ zhàngfu liǎng xiǎoshí qián fùbù zhuàngle yíxiàr, xiànzài téng de hěn lìhai.

Wǔ Wěi:　　　Zěnme zhuàng de?

Yáng Yáng:　　Wǔfàn hòu, tā xiūlǐ diàndēng, bù xiǎoxīn cóng zhuōzi shang shuāile xialai, shēntǐ zuǒcè zhuàngdào yǐzi shang le.

Báiruìdì:　　Hóng xiānsheng, nín néng gēn wǒmen shuōhuà ma?

Hóng Zhōng:　Kěyǐ.

Báiruìdì:　　Nín zhǐshì zuǒ xiōng hé fùbù téng ma?

Hóng Zhōng:　Gāng kāishǐ de shíhou shì, hòulái téngtòng de fànwéi yuèláiyuè dà, xiànzài zhěnggè fùbù dōu téng, hái gǎnjué fùzhàng.

Wǔ Wěi:　　　Shì chíxùxìng de téng háishi jiànxiēxìng de téng?

Hóng Zhōng:　Chíxùxìng de.

Wǔ Wěi:　　　Shòushāng hòu yǒu méiyǒu tùxiě?

Hóng Zhōng:　Méiyǒu.

Wǔ Wěi:　　　Páiniào yǒu méiyǒu xiě?

Hóng Zhōng:　Méiyǒu.

Báiruìdì:　　Cóng shòushāng dào xiànzài, nín gǎnjué shì téng de yuèláiyuè qīng háishi yuèláiyuè zhòng?

Hóng Zhōng:　Yuèláiyuè zhòng, tèbié shì huódòng huòzhě shēnhūxī de shíhou.

Wǔ Wěi: Chúle zuǒ fùbù yǐwài, qítā bùwèi yǒu méiyǒu shòushāng?
Hóng Zhōng: Méiyǒu.
Báiruìdì: Chúle téngtòng yǐwài, hái yǒu biéde zhèngzhuàng ma?
Hóng Zhōng: Wǒ hái gǎnjué xīnhuāng, yǒu diǎnr tóuyūn, tèbié kě.
Yáng Yáng: Yīshēng, wǒ zhàngfu shì bu shì shāng de hěn yánzhòng? Yǒu wēixiǎn ma?
Wǔ Wěi: Nín xiān bié zháojí, wǒmen yào wèi tā zuò quánmiàn jiǎnchá.
Báiruìdì: Wǔ lǎoshī, wǒ lái gěi bìngrén zuò chūzhěn jiǎnchá hǎo ma?
Wǔ Wěi: Hǎo, zuòwán chùzhěn hòu ràng hùshi dài bìngrén qù yànxiě, zuò xiōngtòu hé fùbù B-chāo jiǎnchá ba.

2. 成段表达（白瑞蒂对伍医生说）

伍老师，2床的各项检查都做完了。根据病史、临床表现和**辅助**检查结果，我初步诊断这位患者是**脾破裂**。我的诊断根据是：第一，患者有**明确**的腹部**外伤**病史。第二，从检查情况来看，病人的生命体征正常，但他脸色苍白，腹部肿胀。刚才我给他做腹部检查时发现肠鸣音减弱，左上腹触诊有明显压痛、反跳痛和**肌**紧张。第三，腹腔**穿刺**抽出不凝血。第四，胸透看到左下第八前肋**肋骨骨折**。第五，腹部B超检查发现腹腔**积血**。根据这些情况，我觉得可以诊断为腹腔内**损伤**引起的内出血，还极有可能是脾破裂。现在最好的治疗方法是不是进行**紧急手术**？

Wǔ lǎoshī, èr chuáng de gè xiàng jiǎnchá dōu zuòwán le. Gēnjù bìngshǐ, línchuáng biǎoxiàn hé fǔzhù jiǎnchá jiéguǒ, wǒ chūbù zhěnduàn zhè wèi huànzhě shì pípòliè. Wǒ de zhěnduàn gēnjù shì: dì-yī, huànzhě yǒu míngquè de fùbù wàishāng bìngshǐ. Dì-èr, cóng jiǎnchá qíngkuàng láikàn, bìngrén de shēngmìng tǐzhēng zhèngcháng, dàn tā liǎnsè cāngbái, fùbù zhǒngzhàng. Gāngcái wǒ gěi tā zuò fùbù jiǎnchá shí fāxiàn chángmíngyīn jiǎnruò, zuǒ shàngfù chùzhěn yǒu míngxiǎn yātòng, fǎntiàotòng hé jījǐnzhāng. Dì-sān, fùqiāng chuāncì chōuchū bùníngxiě. Dì-sì, xiōngtòu kàndào zuǒ-xià dì-bā qiánlèi lèigǔ gǔzhé. Dì-wǔ, fùbù B-chāo jiǎnchá fāxiàn fùqiāng jīxiě. Gēnjù zhèxiē qíngkuàng, wǒ juéde kěyǐ zhěnduàn wéi fùqiāng nèisǔnshāng yǐnqǐ de nèichūxiě, hái jí yǒu kěnéng shì pípòliè. Xiànzài zuìhǎo de zhìliáo fāngfǎ shì bu shì jìnxíng jǐnjí shǒushù?

三、注 释

1. 除了……以外……

介词"除了"表示不计算在内。"除了……以外……"中间可以用名词(短语)、动词(短语)、形容词(短语)、代词和小句等,"除了……以外……"后面常用副词"都"等来呼应。如:

The preposition "除了" means not included or within the exception. Between "除了" and "以外", we can insert a noun or a noun phrase, a verb or a verbal phrase, an adjective or an adjectival phrase, a pronoun, a clause, and so on. Adverbs such as "都" are usually followed by "除了……以外……". e.g.

(1) 除了他以外,我们都不喜欢吃油腻的食物。(他喜欢吃……)

(2) 除了腹部以外,其他部位都没有受伤。(腹部受伤了)

"除了……以外……"跟"还"、"也"、"又"连用,表示在什么以外,还有别的。如:

When used with "还","也" and "又", "除了……以外……" means besides. e.g.

(3) 他除了患有高血压以外,还患有冠心病、糖尿病。(他患有高血压、冠心病、糖尿病)

2. 胸透

是"胸部 X 光透视"的简称。为了简单方便,在日常工作中,医护人员对比较长的专业名词常常用简称。例如:B超(B型超声波检查)、非典(非典型性肺炎/SARS)、心梗(心肌梗塞)等等。

"胸透" is the abbreviation of "胸部 X 光透视 (chest roentgenoscopy)". Medical staff often use abbreviated forms for relatively long medical terms for the sake of convenience. For example, "B 超" for "B 型超声波检查 (B ultrasonic examination)", "非典" for "非典型性肺炎/SARS (severe atypical respiratory syndrome)", "心梗" for "心肌梗塞 (myocardial infarction)" and so on.

3. 脾破裂

脾是体内最大的淋巴器官,同时又是储血器官,在胃的左侧。脾质软而脆,易因暴力打击而破裂。脾破裂后会在腹腔内大出血,引起失血性休克,死亡率高。就诊后如能及时抢救与护理,不但能减少死亡率,而且能为手术赢得时间。

Spleen is the biggest lymphoid organ, the organ for blood reservation as well. It is located to the left of the stomach. Soft and fragile, it is easy to be ruptured by violent strokes. A ruptured spleen may result in hemorrhage in the peritoneal cavity and loss of consciousness due to excessive shedding of blood. The mortality of this condition is very high. Prompt treatment and care can not only decrease mortality, but also win the time for the operation.

4. 从……来看

这个固定结构常单独放在句子开头做状语,后边有停顿,强调说话所依据的理由或者看问题的角度、范围等。"从"也可以换成"就"、"由"。如:

This fixed pattern is often placed as an adverbial alone at the beginning of a sentence and followed by a pause. It is used to emphasize the reason or the point of view or a perspective. "从" can be replaced by "就" and "由".

(1) 从检查情况来看,病人的生命体征正常。

(2) 从胸透和 B 超的检查结果来看,我觉得极有可能是脾破裂。

5. 肌/腔

"肌"和"腔"都是名词:"肌"即肌肉,"腔"指人或动物身体内部空的部分。在现代汉语中,有一些医学词汇是由(身体的某一个)部位+名词(肌或腔)构成的。例如:肌—腹肌—胸肌—心肌,腔—胸腔—腹腔—口腔—血管腔。

"肌"和"腔" are nouns. "肌" refers to muscles while "腔" are cavities inside the bodies of humans and animals. In modern Chinese, some terms are formed by a part (of body) + noun(肌或腔), for example, "肌—腹肌—胸肌—心肌","腔—胸腔—腹腔—口腔—血管腔".

6. 穿刺

为了诊断或治疗疾病,用特制的针刺入体腔或器官,抽出液体或组织,这种方法称为穿刺。如腹腔穿刺、骨髓穿刺等。

For diagnostic and therapeutic purposes, a special needle is inserted into a body cavity or an organ to withdraw fluid or tissue. This way is called puncture. For example, "腹腔穿刺" peritoneal puncture, "骨髓穿刺" bone marrow puncture, etc.

四、练 习

1. 听与读

急诊室	穿刺	骨折	破裂	外伤
注射室	腹部穿刺	肋骨骨折	脾破裂	内伤
B超室	骨髓穿刺		肝破裂	损伤
				撞伤
脑出血	呼吸	胸透		摔伤
内出血	深呼吸	胸部透视		烧伤
腹腔内出血				冻伤
				刺伤
B超	前肋骨	凝血		
腹部B超	后肋骨	不凝血		
彩色B超	第七肋骨	积血		

2. 替换与扩展

(1) 从<u>病史、临床表现和检查结果</u>来看,我初步诊断是<u>脾破裂</u>。

胸透结果	第八前肋骨骨折
这些情况	急性胰腺炎
这些症状	胃溃疡
腹部B超检查结果	腹腔内出血
病人的主诉和检查结果	急性肠胃炎
临床表现和心电图检查结果	急性心肌梗塞

(2) 除了<u>左胸和腹部疼痛</u>以外,还有别的症状吗?

头疼、发热	哪里不舒服
B超	什么检查要做的
腹部	其他部位受伤
注意病人的呼吸、脉搏和血压	其他要注意的

(3) 我给他做腹部检查时发现肠鸣音减弱。

B超检查	腹腔积血
触诊	反跳痛非常明显
腹腔穿刺	有不凝血
血常规检查	白细胞减少
心电图检查	是心肌梗塞

(4) 您感觉是疼得越来越轻还是越来越重？

心跳得越来越快还是越来越慢
疼痛的持续时间是越来越长还是越来越短
是越来越好还是越来越差
病人的脉搏是不是越来越弱了
病人肺部X光片上的阴影是不是越来越大了

(5) 最好的治疗方法是进行紧急手术。

治疗	先给他输液、消炎、解痉
检查	给病人做个腹部B超
学习汉语的	多跟中国人说汉语
学习临床医学的	多到医院实习
预防肠胃炎的	不吃不干净的食物

3. 看汉字，写拼音

间歇 _____   肋骨 _____   撞伤 _____
凝血 _____   胸透 _____   持续性 _____
B超 _____   腹腔 _____   深呼吸 _____
辅助 _____   穿刺 _____   脾破裂 _____

4. 看拼音，写汉字

wàishāng _____   fànwéi _____   jǐnjí _____
sǔnshāng _____   gǔzhé _____   jī xiě _____
quánmiàn _____   míngquè _____ bùwèi _____
jiǎnruò _____

5. 两人一组完成下列对话并进行互相问答

(1) 医生：_____？

病人：我肚子疼得厉害。

医生：你的腹痛是_____的？在_____部位？

病人：昨晚开始的。在这上边，但今天_____了，疼得越来越厉害。

医生：昨天晚上_____？

病人：不太疼，但是现在_____。

医生：_____？

病人：还有点儿恶心，想吐。

(2) 伍伟：急诊室刚转来的病人_____？

　　白瑞蒂：他的左上腹疼得_____了。

　　伍伟：_____？

　　白瑞蒂：是持续性的。

　　伍伟：除了胸腹部疼痛以外，_____？

　　白瑞蒂：没有。

　　伍伟：_____？

　　白瑞蒂：他还感觉心慌、有点儿头晕、特别渴。

　　伍伟：_____？

　　白瑞蒂：验血、胸透和腹部B超检查都做完了。

　　伍伟：你的诊断是什么？

　　白瑞蒂：_____。

6. 两人一组，根据问句写出合适的应答句后进行互相问答

(1) 指导医生：2床的生命体征怎么样？

　　实习生：_____。

(2) 指导医生：你给2床做腹部检查了吗？

　　实习生：_____。

(3) 指导医生：触诊有什么发现？

　　实习生：_____。

(4) 指导医生：2床腹腔穿刺结果怎么样？

　　实习生：_____。

(5) 指导医生：2床的胸透结果出来了吗？

　　实习生：_____。

(6) 指导医生：2床的腹部B超检查有没有发现什么问题？

　　实习生：_____。

(7) 指导医生：你认为2床最好的治疗方法是什么？
实习生：＿＿＿＿＿＿＿＿＿＿＿＿＿＿＿＿＿＿＿＿＿＿＿＿＿＿＿。

7. 选择合适的词语填空(每个词语只能用一次)

(紧急　部位　撞　范围　肌紧张　深呼吸　穿刺　体征　明确　积血)

(1) 我给您做一下儿腹部触诊，来，＿＿＿＿＿＿＿＿。
(2) 刚才我不小心，这儿＿＿＿＿＿＿＿到门了，现在还很疼。
(3) 有了这些检查结果，我看可以做一个＿＿＿＿＿＿＿的诊断了。
(4) 病人疼痛的＿＿＿＿＿＿＿越来越大了。
(5) 为了确诊，大夫给他做了腹腔＿＿＿＿＿＿＿。
(6) 白瑞蒂，这是新来的病人，头皮破裂，你先给他做＿＿＿＿＿＿＿处理。
(7) 病人的生命＿＿＿＿＿＿＿正常，但脸色苍白，脉搏加快。
(8) 从B超结果来看，病人腹腔内大量＿＿＿＿＿＿＿。
(9) 除了头部以外，其他＿＿＿＿＿＿＿有没有出血？
(10) 我给病人做触诊时，发现他腹部有明显的压痛、反跳痛和＿＿＿＿＿＿＿。

8. 把课文2的短文改成白瑞蒂和伍伟医生的对话

9. 参考使用下列词语看图对话

场景提示：图1，肝胆外科的实习生去看一位刚从急诊室转来的病人，这位病人躺在病床上，他的妻子站在病床旁边。
图2，实习生询问病人受伤的情况，给他做腹部触诊。
图3，实习生给病人开验血、胸透、腹部B超的检验单。

(急诊室　撞　范围　部位　持续性　间歇性　深呼吸　吐血　验血　胸透　腹部B超)

附录：常见症状

- **内脏疼痛**

钝痛	dùntòng	dull pain
酸痛	suāntòng	ache
灼痛	zhuótòng	burning pain
绞痛	jiǎotòng	colic

- **其他部位疼痛**

喉咙痛	hóulóngtòng	sore throat
头痛	tóutòng	headache
胸痛	xiōngtòng	chest pain
肋腹痛	lèifùtòng	flank pain
心绞痛	xīnjiǎotòng	angina pectoris
背痛	bèitòng	backache
腰痛	yāotòng	lumbago

- **其他类型的疼痛**

反跳痛	fǎntiàotòng	rebound tenderness
神经痛	shénjīngtòng	neuralgia
压痛	yātòng	tender
放射性痛	fàngshèxìngtòng	radiating pain

第三课　太早做手术并不好

一、生词语

1. 急性出血坏死性胰腺炎	jíxìng chūxuè huàisǐxìng yíxiànyán		acute hemorrhagic necrotizing pancreatitis
2. 突发	tūfā	（动）	burst out
3. 正常值	zhèngchángzhí	（名）	normal value
4. 反而	fǎn'ér	（副）	on the contrary
5. 恶化	èhuà	（动）	to deteriorate
6. 显示	xiǎnshì	（动）	to indicate
7. 质	zhì	（名）	material; texture
8. 均(匀)	jūn(yún)	（形）	even
9. 浸润	jìnrùn	（名/动）	infiltration; to infiltrate
10. 时机	shíjī	（名）	occasion
11. (说)胡话	(shuō)húhuà	（名）	be raving and delirious
12. 过分	guòfèn	（形）	excessive
13. 协议书	xiéyìshū	（名）	agreement paper
14. 签字	qiān zì		to sign
15. 过(早)	guò(zǎo)	（副）	too (early)
16. 界限	jièxiàn	（名）	limit
17. 组织	zǔzhī	（名）	tissue
18. 病变	bìngbiàn	（名）	metastasis
19. 创伤	chuāngshāng	（名）	wound
20. 急腹症	jífùzhèng	（名）	the acute abdomen

二、课　文

zhǐdǎo yīshēng — Sūn Hǎimíng
指导　医生——孙　海明

shíxíshēng — Báiruìdì, shānnà
实习生——白瑞蒂、莎娜

gāndǎn wàikē 7 chuáng bìngrén — Lǐ Lóng (nán, wǔshíwǔ suì)
肝胆　外科 7　床　病人——李龙（男，　55　岁）

bìngrén jiāshǔ — Fāng Fāng (Lǐ Lóng de qīzi)
病人　家属——方　芳（李　龙　的　妻子）

1. 会话

孙海明：白瑞蒂，刚才我叫你看看7床的病历，你看了吗？

白瑞蒂：看了，他是两天前从内科转来的。内科建议做手术治疗。

孙海明：内科对他的诊断是什么？

白瑞蒂：**急性出血坏死性胰腺炎**。

孙海明：他有什么症状？

白瑞蒂：**突发**上腹剧痛、恶心、呕吐、腹胀并伴有腹膜刺激征。

孙海明：血、尿淀粉酶有没有升高？

白瑞蒂：刚入院时比较高，后来又突然下降到**正常值**，但病情**反而恶化**了。

孙海明：CT检查结果怎么样？

白瑞蒂：CT检查**显示**胰腺肿大，**质不均**，胰外有**浸润**。

孙海明：他入院多长时间了？

白瑞蒂：十八天了。前两周在内科进行非手术治疗。

孙海明：我看现在是手术治疗的好**时机**了。我们再去看看病人，多了解些情况。

Sūn Hǎimíng: Báiruìdì, gāngcái wǒ jiào nǐ kànkan qī chuáng de bìnglì, nǐ kànle ma?

Báiruìdì: Kàn le, tā shì liǎng tiān qián cóng nèikē zhuǎnlai de. Nèikē jiànyì zuò shǒushù zhìliáo.

Sūn Hǎimíng: Nèikē duì tā de zhěnduàn shì shénme?

Báiruìdì: Jíxìng chūxuè huàisǐxìng yíxiànyán.

Sūn Hǎimíng: Tā yǒu shénme zhèngzhuàng?

Báiruìdì: Tūfā shàngfù jùtòng, ěxin, ǒutù, fùzhàng bìng bànyǒu fùmó cìjī-zhēng.

Sūn Hǎimíng: Xuè, niào diànfěnméi yǒu méiyǒu shēnggāo?

Báiruìdì: Gāng rùyuàn shí bǐjiào gāo, hòulái yǒu tūrán xiàjiàng dào zhèng-chángzhí, dàn bìngqíng fǎn'ér èhuà le.

Sūn Hǎimíng: CT jiǎnchá jiéguǒ zěnmeyàng?

Báiruìdì: CT jiǎnchá xiǎnshì yíxiàn zhǒngdà, zhì bù jūn, yí wài yǒu jìnrùn.

Sūn Hǎimíng: Tā rùyuàn duō cháng shíjiān le?

Báiruìdì: Shíbā tiān le. Qián liǎng zhōu zài nèikē jìnxíng fēi-shǒushù zhìliáo.

Sūn Hǎimíng: Wǒ kàn xiànzài shì shǒushù zhìliáo de hǎo shíjī le. Wǒmen zài qù kànkan bìngrén, duō liǎojiě xiē qíngkuàng.

2. 会话

方　芳：孙医生,内科的医生说我老公要转到外科做手术,已经三天了,怎么还不做?

孙海明：您别着急,我们来给他检查一下儿身体。

白瑞蒂：孙老师,患者还在发高烧。根据护士的记录,他的体温一直在39℃～40℃之间。

孙海明：您丈夫有没有说**胡话**?

方　芳：有啊,把我吓坏了。我真担心他……

孙海明：您不必**过分**担心,他的病太早做手术并不好。

方　芳：为什么?

孙海明：太早做很可能再次发病,到时候还要再做手术,病人更痛苦,也更危险。

方　芳：那该什么时候做呢?

孙海明：一般是发病三至六周内做比较好。根据他的情况，我们安排明天手术吧。

白瑞蒂：李太太，请您在手术**协议书**上**签字**吧。

Fāng fāng: Sūn yīshēng, nèikē de yīshēng shuō wǒ lǎogōng yào zhuǎndào wàikē zuò shǒushù, yǐjīng sān tiān le, zěnme hái bú zuò?

Sūn Hǎimín: Nín bié zháojí, wǒmen lái gěi tā jiǎnchá yíxiàr shēntǐ.

Báiruìdì: Sūn lǎoshī, huànzhě hái zài fā gāoshāo. Gēnjù hùshi de jìlù, tā de tǐwēn yìzhí zài sānshíjiǔ dù dào sìshí dù zhījiān.

Sūn Hǎimín: Nín zhàngfu yǒu méiyǒu shuō húhuà?

Fāng fāng: Yǒu a, bǎ wǒ xiàhuài le. Wǒ zhēn dānxīn tā...

Sūn Hǎimín: Nín búbì guòfèn dānxīn, tā de bìng tài zǎo zuò shǒushù bìng bù hǎo.

Fāng fāng: Wèi shénme?

Sūn Hǎimín: Tài zǎo zuò hěn kěnéng zàicì fābìng, dào shíhou hái yào zài zuò shǒushù, bìngrén gèng tòngkǔ, yě gèng wēixiǎn.

Fāng fāng: Nà gāi shénme shíhou zuò ne?

Sūn Hǎimín: Yìbān shì fābìng sān zhì liù zhōu nèi zuò bǐjiào hǎo. Gēnjù tā de qíngkuàng, wǒmen ānpái míngtiān shǒushù ba.

Báiruìdì: Lǐ tàitai, qǐng nín zài shǒushù xiéyìshū shang qiānzì ba.

3. 成段表达（白瑞蒂对莎娜说）

莎娜，你知道吗？对患急性出血坏死性胰腺炎的病人，不是越早做手术就越好。我们科的7床先在内科住院两周，用非手术法治疗，前两天转过来准备接受手术。病人的家属非常着急，一看见我们就问为什么还不给她丈夫做手术。孙老师告诉她，这种病最佳的手术时机是发病后三至六周。孙老师后来跟我说，如果**过早**做手术，坏死胰腺和非坏死胰腺的**界限**还不能明确分出，手术切除坏死**组织**比较困难：切除过少，**病变**会继续发展，有时需要再次手术或多次手术；切除过多，又增加了**创伤**。但每个患者的具体情况不同，如果患病早期就出现有生命危险的其他**急腹症**，就要马上进行手术了。

Shānà, nǐ zhīdao ma? Duì huàn jíxìng chūxuè huàisǐxìng yíxiànyán de bìngrén, bú shì yuè zǎo zuò shǒushù jiù yuè hǎo. Wǒmen kē de qī chuáng xiān zài nèikē zhùyuàn liǎng zhōu, yòng fēi-shǒushùfǎ zhìliáo, qián liǎng tiān zhuǎn guolai zhǔnbèi jiēshòu shǒushù. Bìngrén de jiāshǔ fēicháng zháojí, yí kànjiàn wǒmen jiù wèn wèi shénme hái bù gěi tā zhàngfu zuò shǒushù. Sūn lǎoshī gàosu tā, zhè zhǒng bìng zuì jiā de shǒushù shíjī shì fābìng hòu sān zhì liù zhōu. Sūn lǎoshī hòulái gēn wǒ shuō, rúguǒ guòzǎo zuò shǒushù, huàisǐ yíxiàn hé fēi-huàisǐ yíxiàn de jièxiàn hái bù néng míngquè fēnchū, shǒushù qiēchú huàisǐ zǔzhī bǐjiào kùnnan: qiēchú guò shǎo, bìngbiàn huì jìxù fāzhǎn, yǒushí xūyào zàicì shǒushù huò duōcì shǒushù; qiēchú guò duō, yòu zēngjiāle chuāngshāng. Dàn měi ge huànzhě de jùtǐ qíngkuàng bù tóng, rúguǒ huànbìng zǎoqī jiù chūxiàn yǒu shēngmìng wēixiǎn de qítā jífùzhèng, jiù yào mǎshàng jìnxíng shǒushù le.

三、注 释

1. 急性出血坏死性胰腺炎

急性出血坏死性胰腺炎(AHNP),又称急性坏死性胰腺炎(ANP)或重症急性胰腺炎(SAP),是急性胰腺炎的一种类型,也是危及生命的重症之一。它起病急,进展快,病情复杂多变,累及器官多,并发症多,死亡率高达30%~60%。发病时,胰腺可肿大变硬,腺泡及脂肪组织坏死,并有血管坏死出血。病人常伴有休克和腹膜炎。

Acute hemorrhagic necrotizing pancreatitis (AHNP), also called acute necrotizing pancreatitis (ANP) or severe acute pancreatitis (SAP), is one type of acute pancreatitis and a life-threatening disease. AHNP occurs suddenly and develops quickly and its conditions are complicated and changeful. It affects many organs and leads to various complications. The death rate can reach as high as 30%–60%. When AHNP occurs, the pancreas becomes swollen and hard, its acinus and adipose tissue display necrosis and blood vessel necrosis hemorrhage occurs. The patient often appears with shock and peritonitis.

2. 反而

副词,表示与预期的结果相反或出乎常情之外。如:

It is an adverb which means contrary to one's expectation or beyond common sense. e.g.

(1) 血、尿淀粉酶下降到正常值,但病情～恶化了。

(2) 吃药以后,肚子～越来越疼了。

3. 浸润

医学上指由于细菌等侵入或外物刺激,机体的正常组织发生白细胞等的聚集。如:

It means the assembly of white cells in normal tissues of an organism due to an attack of germs or external stimuli. e.g.

(1) 肿瘤细胞可以～周围的正常组织,称为肿瘤细胞～。

(2) 脂肪肝刚开始的时候,脂肪～到肝组织中,肝功能还正常,症状也不明显。

4. 过+adj.(单音节)

副词"过"表示程度或数量过分,相当于"过于"、"太"。后面跟单音节形容词。如:

"过", an adverb indicates excessive degree or quantity; it is equivalent to "过于" and "太", followed by a monosyllable adjective. e.g.

～早 /～多 /～少 /～热

5. 急腹症

急腹症是指以急性腹痛为主要表现的腹部外科疾病。其临床特点是起病急、病情重、发展迅速,常需及时做出诊断与处理。但急腹症病因复杂,病情多变,往往诊断困难。急性化脓性阑尾炎、急性胆囊炎、肠梗阻、腹膜炎、胆结石、痛经、消化性溃疡穿孔、外伤、急性胰腺炎、泌尿系结石等都属于急腹症。

Acute abdomen, one kind of diseases in abdomen surgery, is mainly characterized by acute abdominal pain. It occurs urgently and develops quickly demanding prompt diagnosis and treatment. The diagnosis is difficult because of its complicated clinical causes and changeful characteristics. Diseases such as acute suppurative thyroiditis, acute cholecystitis, intestinal obstruction, peritonitis, cholelithiasis, dysmenorrhoea, the perforation of peptic ulcer, injury, acute pancreatitis, urinary calculus can be all categorized as acute abdomen.

四、练　习

1. 听与读

胰腺炎	恶化	浸润
急性胰腺炎	病情恶化	肿瘤细胞浸润
急性出血坏死性胰腺炎	关系恶化	肝内脂肪浸润
质软	组织	病变
质硬	正常组织	病变部位
质均	坏死组织	病变组织
质不均	切除坏死组织	病变组织恶化

2. 替换与扩展

(1) 血、尿淀粉酶有没有升高？

　　白细胞计数
　　血压
　　血糖
　　胆固醇

(2) 血、尿淀粉酶下降到正常值，但病情反而恶化了。

　　血压下降　　　　　　　　加重
　　血糖上升　　　　　　　　更严重
　　体重恢复　　　　　　　　越来越严重

(3) CT检查显示胰腺肿大，质不均，胰外有浸润。

　　心电图　　窦性心律,心肌缺血
　　B超　　　胆囊结石,直径2厘米
　　血常规　　白细胞计数升高,炎症反应很明显

(4) 根据他的情况，我们安排明天手术吧。

　　建议马上住院
　　确诊为急性出血坏死性胰腺炎
　　觉得出院后还要定期检查
　　还要想办法防止发生并发症

(5) 切除过少,病变会继续发展。

切除	多	会增加创伤
手术	早	切除坏死组织比较困难
血糖	低	容易出现低血糖昏迷

3. 看汉字,写拼音

突发 _____ 恶化 _____ 浸润 _____ 协议书 _____

签字 _____ 坏死 _____ 组织 _____ 急腹症 _____

创伤 _____ 病变 _____ 界限 _____ 质均 _____

4. 看拼音,写汉字

fǎn'ér _____ xiǎnshì _____ jièxiàn _____

shíjī _____ guòfèn _____ bìngbiàn _____

5. 两人一组,根据问句写出合适的应答句后进行互相问答

(1) 指导医生:内科对7床的诊断是什么?

实习生:_____。

(2) 指导医生:7床病人有什么症状?

实习生:_____。

(3) 指导医生:他的血、尿淀粉酶有没有升高?

实习生:_____。

(4) 指导医生:他的CT检查结果怎么样?

实习生:_____。

6. 交际活动(参见附录二)

两人一组,角色A看附录二的12,角色B看附录二的4。

7. 选择合适的词语填空(每个词语只能用一次)

(急腹症 签字 反而 质均 创伤 浸润 病变 正常值 恶化)

(1) 7床的血、尿淀粉酶刚入院时比较高,后来又突然下降到_____,但病情_____ _____了。

(2) 7床的CT检查显示胰腺肿大,_____不_____,胰外有_____。

(3) 孙医生请李太太在协议书上_____。
(4) 切除过少，_____会继续发展；切除过多，又增加了_____。
(5) 如果患病早期就出现有生命危险的其他_____，就要马上进行手术。

8. 把课文中会话1的对话改成对病人情况的叙述

9. 根据课文中会话2判断下列句子是否正确
   ( )(1) 患者的体温是正常的。
   ( )(2) 患者家属想要早点儿给病人做手术。
   ( )(3) 在这种情况下,早点儿做手术对患者比较好。
   ( )(4) 医生决定在谈话后的第一天给患者做手术。
   ( )(5) 李龙的病越早做手术越好。

10. 根据课文第3部分的成段表达回答下列问题
   (1) 患急性出血坏死性胰腺炎的病人越早做手术越好吗？
   (2) 医生告诉7床病人的家属这种病最好的手术时机是什么时候？
   (3) 课文中这种情况过早做手术的结果可能是什么？
   (4) 急腹症在什么情况下需要马上进行手术？

附录：常用专业词语

急性胰腺炎	jíxìng yíxiànyán	acute pancreatitis
慢性胰腺炎	mànxìng yíxiànyán	chronic pancreatitis
休克	xiūkè	shock
麻痹	mábì	paralysis
脱水	tuōshuǐ	dehydration

第四课　病人已经有继发感染

一、生词语

1. 继发	jìfā	（形）		secondary
2. 方案	fāng'àn	（名）		scheme; plan
3. 囊肿	nángzhǒng	（名）		hydatoncus
4. 增厚	zēnghòu	（动）		to incrassate
5. 囊壁	nángbì	（名）		tunicate
6. 肝区	gānqū	（名）		hepatic region
7. 不适	bú shì			discomfort
8. 属于	shǔyú	（动）		belong to
9. 巨大	jùdà	（形）		huge; enormous
10. 复杂	fùzá	（形）		complicated
11. 麻药	máyào	（名）		anaesthetic
12. 表面	biǎomiàn	（名）		surface
13. 刺	cì	（动）		to prick
14. 囊腔	nángqiāng	（名）		cisternae
15. 囊液	nángyè	（名）		sac fluid
16. 浅表部	qiǎnbiǎobù	（名）		low surface
17. 氯化钠	lǜhuànà	（名）		sodium chloride
18. 双氧水	shuāngyǎngshuǐ	（名）		hydrogen peroxide; oxydol
19. 生理盐水	shēnglǐ yánshuǐ			normal saline
20. 冲洗	chōngxǐ	（动）		to rinse
21. 助手	zhùshǒu	（名）		assistant

二、课 文

zhǐdǎo yīshēng — Mǎ Míng
指导 医生——马 鸣

shíxíshēng— Shānà, Kǎqí, Ābǔdùlā, Báiruìdì
实习生——莎娜、卡奇、阿卜杜拉、白瑞蒂

gāndǎn wàikē wǔ chuáng bìngrén— Huáng Hé (nǚ, wǔshí suì)
肝胆 外科 5 床 病人—— 黄 河（女，50 岁）

1. 会话

马　　鸣：今天我们来讨论一下儿5床的治疗**方案**。卡奇，你先说说B超和CT检查的结果吧。

卡　　奇：B超和CT检查都显示，患者右肝有直径约13厘米的**囊肿**。

莎　　娜：患者的白细胞数升高了，这是不是说明已经有继发感染？

马　　鸣：对。你们看，B超还显示出**增厚**的**囊壁**，这也说明有继发感染。

阿卜杜拉：病历记录说患者有**肝区**胀痛、恶心、呕吐等症状，还有低烧。

马　　鸣：你们说说，像这样的患者要不要进行手术治疗？

卡　　奇：肝囊肿的病人如果没有症状是不用做手术的。

莎　　娜：这位病人已经有继发感染，还有明显的**不适**症状。

阿卜杜拉：她的囊肿超过10厘米，**属于巨大**肝囊肿。

卡　　奇：所以应该尽快做手术。

马　　鸣：说得对。这段时间你们的进步很大啊！

Mǎ Míng: Jīntiān wǒmen lái tǎolùn yíxiàr wǔ chuáng de zhìliáo fāng'àn. Kǎqí, nǐ xiān shuōshuo B-chāo hé CT jiǎnchá de jiéguǒ ba.

Kǎqí: B-chāo hé CT jiǎnchá dōu xiǎnshì, huànzhě yòu gān yǒu zhíjìng yuē shísān límǐ de nángzhǒng.

Shānà: Huànzhě de báixìbāo shù shēnggāo le, zhè shì bu shì shuōmíng yǐjīng yǒu jìfā gǎnrǎn?

Mǎ Míng: Duì. Nǐmen kàn, B-chāo hái xiǎnshì chū zēnghòu de nángbì, zhè yě shuōmíng yǒu jìfā gǎnrǎn.

Ābǔdùlā: Bìnglì jìlù shuō huànzhě yǒu gānqū zhàngtòng, ěxīn, ǒutù děng zhèngzhuàng, hái yǒu dīshāo.

Mǎ Míng: Nǐmen shuōshuo, xiàng zhèyàng de huànzhě yào bu yào jìnxíng shǒushù zhìliáo?

Kǎqí: Gānnángzhǒng de bìngrén rúguǒ méiyǒu zhèngzhuàng shì bú yòng zuò shǒushù de.

Shānà: Zhè wèi bìngrén yǐjīng yǒu jìfā gǎnrǎn, hái yǒu míngxiǎn de búshì zhèngzhuàng.

Ābǔdùlā: Tā de nángzhǒng chāoguò shí límǐ, shǔyú jùdà gānnángzhǒng.

Kǎqí: Suǒyǐ yīnggāi jǐnkuài zuò shǒushù.

Mǎ Míng: Shuō de duì. Zhè duàn shíjiān nǐmen de jìnbù hěn dà a!

2 会话

莎　娜：黄阿姨,您好！刚才马医生来看您时告诉您明天做手术了吗？

黄　河：告诉了。不过我还是有点儿害怕。

莎　娜：您不用担心。这个手术不**复杂**,危险性不大。

黄　河：会不会很疼？我最怕疼了。

莎　娜：手术前会给您打**麻药**,做手术的时候您不会感觉到疼的。

黄　河：马医生的手术做得好不好？

莎　娜：您放心吧！马医生是我们科最有经验的医生,很多病人都想找他做手术呢！

黄　河：是吗？这样就好。肝囊肿是不是肿瘤？做完手术要不要化疗？

莎　娜：肝囊肿不是肿瘤，做完手术很快就可以出院了，不需要化疗。您就放心吧。
黄　河：这个手术会不会把我的肝切掉？
莎　娜：不会的，只是切除囊肿。

Shānà: Huáng āyí, nín hǎo! Gāngcái Mǎ yīshēng lái kàn nín shí gàosu nín míngtiān zuò shǒushù le ma?
Huáng Hé: Gàosu le. Búguò wǒ háishi yǒu diǎnr hàipà.
Shānà: Nín bú yòng dānxīn. Zhè ge shǒushù bú fùzá, wēixiǎnxìng bú dà.
Huáng Hé: Huì bu huì hěn téng? Wǒ zuì pà téng le.
Shānà: Shǒushù qián huì gěi nín dǎ máyào, zuò shǒushù de shíhou nín bú huì gǎnjué dào téng de.
Huáng Hé: Mǎ yīshēng de shǒushù zuò de hǎo bu hǎo?
Shānà: Nín fàngxīn ba! Mǎ yīshēng shì wǒmen kē zuì yǒu jīngyàn de yīshēng, hěn duō bìngrén dōu xiǎng zhǎo tā zuò shǒushù ne!
Huáng Hé: Shì ma? Zhèyàng jiù hǎo. Gānnángzhǒng shì bu shì zhǒngliú? Zuòwán shǒushù yào bu yào huàliáo?
Shānà: Gānnángzhǒng bú shì zhǒngliú, zuòwán shǒushù hěn kuài jiù kěyǐ chūyuàn le, bù xūyào huàliáo. Nín jiù fàngxīn ba.
Huáng Hé: Zhè ge shǒushù huì bu huì bǎ wǒ de gān qiēdiào?
Shānà: Bú huì de, zhǐshì qiēchú nángzhǒng.

3. 成段表达 (莎娜对白瑞蒂说)

　　白瑞蒂，我们科5床是个肝囊肿病人。我给她做身体检查时，摸到她的右上腹有一个比较大的肿块，**表面**光滑，感觉像个囊一样，但无明显压痛，触诊也能感觉到她的肝比正常的大。B超和CT检查都显示，她的右肝有直径约13厘米的囊肿，这属于巨大肝囊肿。病历上记录她的右上腹有肝区胀痛，还有恶心、呕吐、低烧等症状，白细胞数也升高了。这些都说明她有继发感染。马老师准备明天给她做手术，他说手术可以在腹腔镜下进行，先用穿刺针**刺入囊腔**，把**囊液**吸干净，然后将**浅表部**的囊壁切除，再用10%**氯化钠**、**双氧水**和**生理盐水冲洗**囊腔。整个手术并不复杂。明天手术时，马老师让我们当他的**助手**。

Báiruìdì, wǒmen kē wǔ chuáng shì ge gānnángzhǒng bìngrén. Wǒ gěi tā zuò shēntǐ jiǎnchá shí, mōdào tā de yòu shàngfù yǒu yí ge bǐjiào dà de zhǒngkuài, biǎomiàn guānghuá, gǎnjué xiàng ge náng yíyàng, dàn wú míngxiǎn yātòng, chùzhěn yě néng gǎnjué dào tā de gān bǐ zhèngcháng de dà. B-chāo hé CT jiǎnchá dōu xiǎnshì, tā de yòu gān yǒu zhíjìng yuē shísān límǐ de nángzhǒng, zhè shǔyú jùdà gānnángzhǒng. Bìnglì shang jìlù tā de yòu shàngfù yǒu gānqū zhàngtòng, hái yǒu ěxin, ǒutù, dīshāo děng zhèngzhuàng, báixìbāo shù yě shēnggāo le. Zhèxiē dōu shuōmíng tā yǒu jìfā gǎnrǎn. Mǎ lǎoshī zhǔnbèi míngtiān gěi tā zuò shǒushù, tā shuō shǒushù kěyǐ zài fùqiāngjìng xià jìnxíng, xiān yòng chuāncìzhēn cìrù nángqiāng, bǎ nángyè xī gānjìng, ránhòu jiāng qiǎnbiǎobù de nángbì qiēchú, zài yòng bǎifēnzhī shí lǜhuànà, shuāngyǎngshuǐ hé shēnglǐ yánshuǐ chōngxǐ nángqiāng. Zhěnggè shǒushù bìng bú fùzá. Míngtiān shǒushù shí, Mǎ lǎoshī ràng wǒmen dāng tā de zhùshǒu.

三、注　释

1. 继发

动词。临床上指紧随着某些原因或疾病而发生。后面常带某种疾病做宾语，如：

A verb. Secondary clinically refers to what happens right after certain primary diseases. The term is often followed by a name of disease as an object. e.g.

~感染/~肺炎

形容词。常在后面跟"性+病名"，表示紧随着某种原因或疾病而发生的疾病，如：

An adjective. It can also be followed by "性+病名", indicating the disease usually occurs after some reason or other disease. e.g.

~性高血压/~性糖尿病/~性痛经/~性闭经/~性肾脏疾病

2. 囊肿

是良性的肿块，多呈球形，有包膜，内有液体或半固体的物质。肺、卵巢、肝、肾等器官内都有可能发生囊肿。

Hydatoncus is a kind of benign lump, most of the hydatoncuses appear the

form of a ball. Inside the membrane, there is liquid or semisolid stuff. Hydatoncus can grow in the organs such as lung, ovary, liver and kidney.

肝囊肿的大小不一,小者可无症状,大者以腹胀、腹痛和上腹膨隆最常见。治疗方法主要是手术切除。

The size of liver cysts varies. Small ones may show no sign at all, while big ones can be indicated by abdominal distention and pain. Swelling in the upper abdomen is also common. The main treatment is surgical removal of the cyst.

3. 打麻药

麻药是能引起全身或局部暂时失去知觉的药物,又称"麻醉药"。多在外科手术时使用,如乙醚、普鲁卡因等。

Anesthetic is an agent that produces a local or general loss of sensation, including pain, and therefore is useful in surgery. The anesthetice such as aether and procaine are often used in operations.

"打":注射。"打麻药"就是注射麻药。

"打": apply;"打麻药": to apply anesthetic.

4. 先……,然后……,再……

这是描述一个过程的常用格式。按步骤的先后顺序来依次使用连词"先"、"然后"、"再",如果步骤不止三个,还可以从第二个步骤开始插入"接着",在最后一个步骤使用"最后",构成"先……,然后……,接着……,再……,最后……"等格式。"先"一定用在第一个步骤,"最后"一定用在最后的步骤,"再"、"接着"、"然后"可在中间的步骤使用,先后次序没有限制,可随意变换。

This is a common pattern used to describe a process. According to the order, conjunctions such as "先……,然后……,再…… (first, then, after that)" are used. If more than three steps, "接着(next)" can be added after the second step, and "最后" for the last step, the "先……,然后……,接着……,再……,最后……" pattern is then formed. "先" must be used for the first step, and "最后" for the last step, "再","接着","然后" can be used in steps other than the first and last, and interchangeable with no fixed order.

5. 双氧水

化学名称为过氧化氢溶液,俗称双氧水,是无色无味的液体。因为它每个水分子里都含有两个氧原子,所以被叫做双氧水。双氧水具有较强的渗透性和氧化作用,医学上常用它来清洗创口和局部抗菌。

Hydrogen peroxide has been used as an antiseptic and anti-bacterial agent for many years. It is weak acid, and has strong oxidizing properties. It is used by many hospitals, doctors and dentists in sterilizing, cleaning and treating.

6. 生理盐水

指生理学或临床上常用的渗透压与动物或人体相等的氯化钠溶液,因为它符合动物或人体的生理条件,所以被称为生理盐水。对于人体,生理盐水指0.9%的氯化钠溶液,它能够避免细胞破裂,不会让细胞脱水或者过度吸水,所以各种医疗操作中需要用液体的地方常常用到它。

Normal saline is a sterile solution of sodium chloride in purified water, containing 0.9 gram of sodium chloride in 100 milliliters, isotonic with body fluids. Also known as isotonic sodium chloride solution, normal salt solution, physiological saline, physiological salt solution, physiological sodium chloride solution, sodium chloride solution. It can be used to maintain living tissue temporarily and as a solvent for parenterally administered drugs.

四、练 习

1. 听与读

囊	囊肿	继发	氯化钠
囊腔	肝囊肿	继发感染	双氧水
囊壁	肺囊肿	继发肺炎	生理盐水
囊液	巨大肝囊肿	继发性高血压	麻药

不适	复杂	肝区
身体不适	简单	心前区
感到身体不适	手术不复杂	腹部
有明显的不适症状	手术很简单	浅表部

2. 替换与扩展

(1) 这是不是说明患者<u>已经有继发感染</u>？

> 已经到了手术治疗的最好时机
> 病情已经恶化
> 已经出现并发症
> 已经有生命危险

(2) <u>B超</u>还显示出增厚的囊壁。

> X光片　　　肺部有模糊阴影
> 心电图　　　心肌梗塞
> 造影　　　　支气管扩张
> CT检查　　　胆囊结石

(3) 像这样的患者，要不要<u>进行手术治疗</u>？

> 进行化疗
> 做骨髓移植
> 切除囊肿
> 使用抗生素

(4) 她的囊肿<u>超过10厘米</u>，属于<u>巨大肝囊肿</u>。

> 胰腺肿大　　　　　　　　　　急性胰腺炎
> 大便检查呈阳性　　　　　　　胃出血
> 骨髓涂片是ANLL—M2型骨髓象　急性白血病
> 胆囊结石有3～4厘米　　　　　手术治疗的范围

(5) 手术<u>前</u>会给你<u>打麻药</u>。

> 前要控制饮食
> 后要防止伤口感染
> 后要进行三个疗程的化疗

3. 看汉字，写拼音

双氧水 _____　　囊肿 _____　　囊壁 _____

氯化钠 _____　　肝区 _____　　麻药 _____

浅表部 _____　　囊腔 _____　　方案 _____

生理盐水 _____　助手 _____

4. 看拼音,写汉字

zēnghòu _____ bú shì _____ shǔyú _____

jùdà _____ chōngxǐ _____ cì _____

fùzá _____ jìfā _____ biǎomiàn _____

5. 两人一组,根据问句写出合适的应答句后进行互相问答

（1）5床的B超和CT检查的结果是什么？

答：_____。

（2）什么检查结果说明5床已经有继发感染？

答：_____。

（3）病历对患者有什么记录？

答：_____。

（4）患者的囊肿属于哪一种？为什么？

答：_____。

（5）5床需要手术治疗吗？

答：_____。

6. 交际活动（参见附录二）

练习和病人讨论做手术的情况。两人一组,角色A看附录二的9,角色B看附录二的11。

7. 选择合适的词语填空（每个词语只能用一次）

（冲洗　不适　囊壁　属于　麻药　囊肿　继发　囊腔　巨大　囊液）

（1）B超和CT检查都显示,5床病人的右肝有直径约13厘米的_____。

（2）B超还显示出增厚的_____,这也说明有继发感染。

（3）5床病人的囊肿超过10厘米,属于_____肝囊肿。

（4）手术前会给病人打_____。

（5）5床病人担心手术后会_____感染。

（6）马医生说手术时先用穿刺针刺入_____。

（7）那位病人还有哪些_____的症状？

（8）根据病史和检查结果,他的病_____继发性高血压。

（9）手术时要把囊肿里面的_____吸干净。

（10）处理伤口时要先用生理盐水把伤口表面_____干净。

8. 把课文中会话1改成对病人情况的叙述

9. 根据课文内容回答下列问题
   (1) 肝囊肿的病人一般都需要做手术吗？
   (2) 5床病人为什么需要明天做手术？
   (3) 这个手术危险吗？为什么？
   (4) 做这个手术会切除什么？不会切除什么？
   (5) 手术最后需要用什么冲洗囊腔？

附录：与肝囊肿有关的术语

先天性肝囊肿	xiāntiānxìng gānnángzhǒng	congenital hepatic cyst
外伤性肝囊肿	wàishāngxìng gānnángzhǒng	traumatic hepatic cyst
炎症性肝囊肿	yánzhèngxìng gānnángzhǒng	inflammatory and allergic dermatosis hepatic cyst
肿瘤性肝囊肿	zhǒngliúxìng gānnángzhǒng	tumprigenicity hepatic cyst
多囊肝	duōnánggān	polycystic liver

第五课　他怎么会突然复发？

一、生词语

1.	脑炎	nǎoyán	（名）	encephalitis
2.	麻木	mámù	（形）	numb
3.	癫痫	diānxián	（名）	epilepsy
4.	药物	yàowù	（名）	medicine
5.	医痫灵	yīxiánlíng	（名）	Phenobarbital and Sodium Bromide Tablets
6.	康复	kāngfù	（动）	to recuperate; to recover
7.	忧郁症	yōuyùzhèng	（名）	melancholia; melancholy
8.	精神分裂症	jīngshén fēnlièzhèng		schizophrenia; schizophrenosis
9.	迷	mí	（动）	be infatuated with; indulge in
10.	视觉	shìjué	（名）	vision; sight
11.	听觉	tīngjué	（名）	hearing; auditory sense
12.	过度	guòdù	（副）	excessively
13.	放电	fàngdiàn	（动）	to discharge
14.	抢救	qiǎngjiù	（动）	to rescue; to save; to salvage
15.	磁共振	cígòngzhèn	（名）	MRI (Magnetic Resonance Imaging)
16.	病灶	bìngzào	（名）	focus
17.	抽搐	chōuchù	（动）	to twitch
18.	瞳孔	tóngkǒng	（名）	pupil
19.	白沫	báimò	（名）	(white) foam
20.	纱布	shābù	（名）	gauze
21.	齿	chǐ	（名）	tooth
22.	领子	lǐngzi	（名）	collar
23.	分泌物	fēnmìwù	（名）	secretion
24.	窒息	zhìxī	（动）	to asphyxiate
25.	护理	hùlǐ	（名）	nursing; nurse

二、课　文

```
zhǐdǎo yīshēng — Shǐ Píng
指导　医生——史　平
shíxíshēng— Ābǔdùlā, Shānà, Kǎqí
实习生——阿卜杜拉、莎娜、卡奇
shénjīng wàikē shíwǔ chuáng bìngrén— Wáng Guóhuá (nán, shíbā suì)
神经　外科　15　床　病人——王　国华（男，18 岁）
jiāshǔ — Lǐ Xiǎohóng (bìngrén de mǔqin)
家属——李　晓红　（病人　的　母亲）
```

1. 会话

史　　平：莎娜，你来介绍一下儿15床的病情。

莎　　娜：病人王国华，男，18岁。四年前因病毒性**脑炎**引起肢体**麻木**，被诊断为**癫痫**，曾入院治疗。

阿卜杜拉：当时医生对他进行了**药物治疗**，服用**医痫灵**，两年后**康复**。病人没有**忧郁症**、**精神分裂症**等精神症状。

莎　　娜：一个月前病人癫痫复发，再次入院。

史　　平：他怎么会突然复发？

阿卜杜拉：据病人家属说，从去年开始病人**迷上**电子游戏，这次他就是在玩儿电子游戏时突然发作的。

莎　　娜：是不是因为玩儿电子游戏精神长时间紧张引起癫痫复发的呢？

史　　平：很有可能。另外，电子游戏对**视觉**、**听觉**有很大刺激，会使大脑**过度放电**，引起癫痫。

Shǐ Píng: Shānà, nǐ lái jièshào yíxiàr shíwǔ chuáng de bìngqíng.

Shānà: Bìngrén Wáng Guóhuá, nán, shíbā suì. Sì nián qián yīn bìngdúxìng nǎoyán yǐnqǐ zhītǐ mámù, bèi zhěnduàn wéi diānxián, céng rùyuàn zhìliáo.

Ābǔdùlā: Dāngshí yīshēng duì tā jìnxíngle yàowù zhìliáo, fúyòng yìxiánlíng, liǎng nián hòu kāngfù. Bìngrén méiyǒu yōuyùzhèng, jīngshén fēnlièzhèng děng jīngshén zhèngzhuàng.

Shānà: Yí ge yuè qián bìngrén diānxián fùfā, zàicì rùyuàn.

Shǐ Píng: Tā zěnme huì tūrán fùfā?

Ābǔdùlā: Jù bìngrén jiāshǔ shuō, cóng qùnián kāishǐ bìngrén míshang diànzǐ yóuxì, zhè cì tā jiùshì zài wánr diànzǐ yóuxì shí tūrán fāzuò de.

Shānà: Shì bu shì yīnwèi wánr diànzǐ yóuxì jīngshén cháng shíjiān jǐnzhāng yǐnqǐ diānxián fùfā de ne?

Shǐ Píng: Hěn yǒu kěnéng. Lìngwài, diànzǐ yóuxì duì shìjué, tīngjué yǒu hěn dà cìjī, huì shǐ dànǎo guòdù fàndiàn, yǐqǐ diānxián.

2. 会话

莎　娜：史老师，15床病人癫痫又发作了，您快去看一下儿！

史　平：我马上就来！

（史医生去**抢救**病人。一小时后，病人情况好转）

李晓红：医生，我儿子怎么样了？

史　平：现在没事了，您儿子发作之前有什么症状吗？

李晓红：他中午说胸闷、肚子不舒服，听不清声音、看东西模糊。

莎　娜：这是癫痫发作的先兆，您当时就应该通知我们。

李晓红：我知道了，那现在怎么办呢？

史　平：我们准备为他做脑部CT和**磁共振**，找出**病灶**的位置。

李晓红：听说癫痫可以手术治疗，我儿子可以做手术吗？

史　平：我们还要再检查一下儿才能确定他能不能手术治疗。

莎　娜：李阿姨，您的心情我们能理解，但这件事可不能着急啊！

Shānà: Shǐ lǎoshī, shíwǔ chuáng bìngrén diānxián yòu fāzuò le, nín kuài qù kàn yíxiàr!

Shǐ Píng: Wǒ mǎshàng jiù lái!

    (Shǐ yīshēng qù qiǎngjiù bìngrén. Yì xiǎoshí hòu, bìngrén qíngkuàng hǎozhuǎn)

Lǐ Xiǎohóng: Yīshēng, wǒ érzi zěnmeyàng le?
Shǐ Píng: Xiànzài méishì le, nín érzi fāzuò zhīqián yǒu shénme zhèngzhuàng ma?
Lǐ Xiǎohóng: Tā zhōngwǔ shuō xiōngmèn, dùzi bù shūfu, tīng bu qīng shēngyīn, kàn dōngxi móhu.
Shānà: Zhè shì diānxián fāzuò de xiānzhào, nín dāngshí jiù yīnggāi tōngzhī wǒmen.
Lǐ Xiǎohóng: Wǒ zhīdao le, nà xiànzài zěnmebàn ne?
Shǐ Píng: Wǒmen zhǔnbèi wèi tā zuò nǎobù CT hé cígòngzhèn, zhǎochū bìngzào de wèizhi.
Lǐ Xiǎohóng: Tīngshuō diānxián kěyǐ shǒushù zhìliáo, wǒ érzi kěyǐ zuò shǒushù ma?
Shǐ Píng: Wǒmen hái yào zài jiǎnchá yíxiàr cáinéng quèdìng tā néng bu néng shǒushù zhìliáo.
Shānà: Lǐ āyí, nín de xīnqíng wǒmen néng lǐjiě, dàn zhè jiàn shì kě bù néng zháojí a!

3. 成段表达 (莎娜对卡奇说)

  卡奇，我昨天在神经外科值班时，15床的病人突然腿部**抽搐**，**瞳孔**散大，口吐**白沫**。我赶紧找史老师，他说这是典型的癫痫大发作，他让我扶住病人，让病人慢慢儿躺下，在病人嘴唇没紧闭之前把**纱布**放在上下**齿**之间，防止他咬伤舌头。史老师还松开病人的**领子**，把病人的头转向一侧，这样做可以让呼吸道的**分泌物**及时排出，防止分泌物流入气管引起**窒息**。史老师还说，如果癫痫发作，只能等大脑放电停止，抽搐才会停止。家属说，这个病人两年前已经好了，但最近他长时间玩儿电子游戏，结果引起病情复发。我觉得对癫痫病人的康复**护理**，家属们一定要非常细心啊！

  Kǎqí, wǒ zuótiān zài shénjīng wàikē zhíbān shí, shíwǔ chuáng de bìngrén tūrán tuǐbù chōuchù, tóngkǒng sàndà, kǒu tù báimò. Wǒ gǎnjǐn zhǎo Shǐ lǎoshī, tā shuō zhè shì diǎnxíng de diānxián dà fāzuò, tā ràng wǒ fúzhù bìngrén, ràng bìngrén mànmānr tǎngxia, zài bìngrén zuǐchún méi jǐnbì zhīqián bǎ shābù fàngzài shàng-xiàchǐ zhījiān, fángzhǐ tā yǎoshāng shétou. Shǐ lǎoshī hái sōngkāi bìngrén de lǐngzi, bǎ bìngrén de tóu zhuǎnxiàng yí cè, zhèyàng zuò kěyǐ ràng hūxīdào de fēnmìwù jíshí páichū, fángzhǐ fēnmìwù liúrù qìguǎn yǐnqǐ zhìxī. Shǐ lǎoshī hái shuō, rúguǒ diānxián fāzuò, zhǐnéng děng dànǎo fàngdiàn tíngzhǐ, chōuchù cái huì tíngzhǐ. Jiāshǔ shuō, zhè ge bìngrén liǎng nián qián yǐjīng hǎo le, dàn zuìjìn tā cháng shíjiān wánr diànzǐ yóuxì, jiéguǒ yǐnqǐ bìngqíng fùfā. Wǒ juéde duì diānxián bìngrén de kāngfù hùlǐ, jiāshǔmen yídìng yào fēicháng xìxīn a!

三、注 释

1. 脑炎

广义的脑炎包括脑炎和脑病,有脑部感染的称"脑炎",有脑炎样症状和病理不好而无感染的称为"脑病"。

In the broad sense encephalitis includes encephalitis and encephalopathy. If there is brain infection, it is called encephalitis. If there are symptoms of encephalitis and pathological lesion without any infection, it is called encephalopathy.

2. 癫痫

由脑部疾患或脑外伤等引起的病。发作时突然昏倒,全身痉挛,意识丧失,有的口吐白沫。也称"羊角风"。

The etiology of epilepsy is induced by cerebral disorder or brain trauma. Seizure occurs with a loud cry, the person loses consciousness and falls to the ground. The muscles become rigid for about 30 seconds during the tonic phase of the seizure and alternately contract and relax during the clonic phase, which lasts 30–60 seconds. The skin sometimes acquires a bluish tint and the person may bite his tongue, lose bowel or bladder control, or have trouble breathing. Some patients have foam at the mouth. The other name for it is "羊角风".

3. 忧郁症

又叫"抑郁症",是以情绪低落为主要特征的心理疾病。临床表现症状较轻的病人外表如常,内心有痛苦体验;症状稍重的人情绪低落、愁眉苦脸、唉声叹气、有自卑感等。有些患者常常伴有神经官能症症状,如记忆力减退、反应迟缓和失眠多梦等。症状较重的患者会出现悲观厌世、绝望、幻觉妄想、食欲不振、功能减退等症状,还伴有严重的自杀企图,甚至自杀行为。

Another name is "抑郁症". When discussing depression as a symptom, a feeling of hopelessness is the most often described sensation. Depression is a

common psychiatric disorder in the modern world and a growing cause of concern for health agencies worldwide due to the high social and economic costs involved. Symptoms of depression, like the disorder itself, vary in degree of severity, and mild to severe mood disturbances. Mood disturbances may range from a sudden transitory decrease in motivation and concentration to gloomy moods and irritation, or to severe, chronic prostration.

4. 精神分裂症

　　这是一组病因未明的精神病，多起病于青壮年。早期主要表现为性格改变，如不理睬亲人、不讲卫生、对着镜子独笑等。如病情进一步发展，会表现为思维紊乱，病人的思考过程缺乏逻辑性和连贯性，言语零乱，词不达意。此外，比较典型的症状还有妄想与幻觉。

　　Schizophrenia is a psychotic disorder (or a group of disorders) marked by severely impaired thinking, emotions, and behaviors. Schizophrenic patients are typically unable to filter sensory stimuli and may have enhanced perceptions of sounds, colors, and other features of their environment. Most schizophrenics, if untreated, gradually withdraw from interactions with other people, and lose their abilities to take care of personal needs.

5. 视觉/听觉

　　"~觉(jué)"，指人或动物的器官受刺激后对事物的感受和辨别。

　　"~觉(jué)", any of the faculties by which stimuli from outside or inside the body are received and felt.

　　"视觉"指物体的影像刺激视网膜后产生的感觉。

　　Sight or vision describes the ability to detect electromagnetic waves within the visible range (light) by the eye and the brain to interpret the image as "sight".

　　"听觉"指声波振动耳朵内的鼓膜所产生的感觉。

　　Hearing is the sense of sound perception and results from tiny eardrum in the inner ear.

　　其他的感觉还有：知觉、触觉、味觉、嗅觉等。

　　Other senses include faculties of smell, touch, taste, and equilibrium.

6. 现在没事了

　　医生、护士、实习生安慰病人或病人家属时的常用语,目的是告诉他们不用担心现在的病情。不能理解为"现在没有事情做了"。

　　When doctors, nurses and interns intent to comfort patients or the families, they often say "现在没事了" to assure them that the patient's condition is under control and there is no need to worry about it any more. It does not mean "there is nothing to do now".

7. 磁共振

　　又叫"核磁共振"。指原子核在外加磁场的作用下,对特定频率的电磁波发生共振吸收的现象。利用核磁共振可以测定有机物的结构。医学上的磁共振检查指通过核磁共振成像技术进行脑病、血管病、肿瘤等的检查和诊断。

　　"磁共振(MRI)", also called "核磁共振", is a non-invasive method used to render images of the inner object. It is primarily used in medical imaging to demonstrate pathological or other physiological alterations of living tissues. Clinically MRI can be used to examine and diagnose brain diseases, vascular diseases and tumors.

四、练　习

1. 听与读

脑炎	麻木	癫痫	视觉
病毒性脑炎	肢体麻木	忧郁症	听觉
患了病毒性脑炎	手脚麻木	精神分裂症	触觉

瞳孔散大	康复	康复出院
腿部抽搐	恢复	恢复健康
口吐白沫	复发	病情复发
	复杂	病情复杂

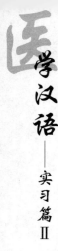

2. 替换与扩展

(1) 四年前因病毒性脑炎引起肢体麻木，被诊断为癫痫。

感冒	咳嗽	肺炎
情绪过度激动	心前区疼痛再次发作	冠心病
暴饮暴食	持续性腹痛	急性胰腺炎
腹部外伤	腹部持续性疼痛	脾破裂

(2) 你儿子在癫痫发作之前有什么症状吗？

昏迷
大量咯血
脑中风
心脏病发作

(3) 这是癫痫发作的先兆。

心肌梗塞
胃穿孔
患忧郁症
患精神分裂症

(4) 我们准备为他做脑部 CT 和磁共振检查，找出病灶的位置。

B 超	结石的位置
B 超和 CT 检查	病变的部位
CT	血肿的位置

3. 看汉字，写拼音

精神分裂症 _____　　癫痫 _____　　抽搐 _____

忧郁症 _____　　脑炎 _____　　病灶 _____

医痫灵 _____　　瞳孔 _____　　窒息 _____

磁共振 _____　　齿 _____

4. 看拼音，写汉字

mámù _____　　kāngfù _____　　guòdù _____

qiǎngjiù _____　　hùlǐ _____　　shìjué _____

tīngjué _____　　báimò _____　　yàowù _____

5. 两人一组完成下列对话并进行互相问答

史医生：您儿子发作之前有什么_____吗？

病人家长：他中午说_____、肚子不舒服，听不清声音、看东西模糊。

史医生：这是_____发作的先兆，您当时就应该通知我们。

病人家长：我下次知道了，那现在怎么办呢？

史医生：我们准备为他做脑部CT和磁共振检查，寻找_____的位置。

病人家长：我儿子可以手术_____吗？

史医生：我们还要再检查一下儿才能确定。

6. 两人一组，根据问句写出合适的应答句后进行互相回答

(1) 医生：四年前医生对这个癫痫患者采用过什么治疗方法？
   实习生：_____。

(2) 史医生：病人怎么会突然癫痫复发？
   实习生：_____。

(3) 史医生：病人发作之前有什么症状吗？
   实习生：_____。

(4) 病人家长：那现在怎么办呢？
   实习生：_____。

(5) 病人家长：听说癫痫可以手术治疗，我儿子可以做手术吗？
   实习生：_____。

7. 交际活动（参见附录二）

两人一组，角色A看附录二的6，角色B看附录二的8。

8. 选择合适的词语填空（每个词语只能用一次）

（抢救 瞳孔 癫痫 抽搐 窒息 康复 迷 过度 麻木 护理）

(1) 他因为玩儿电子游戏，精神长时间紧张引起_____复发。

(2) 他的病是由于_____悲伤引起的。

(3) 史医生正在对刚刚送来的急诊病人进行_____。

(4) 6号床的病人突然腿部_____，_____散大，口吐白沫。

(5) 住院治疗两个月后他完全_____，昨天高高兴兴地出院了。

(6) 如果分泌物流入气管，就会引起_____。

（7）病人四年前因病毒性脑炎引起肢体_____。
（8）从去年开始病人_____上电子游戏。
（9）手术后对病人的_____非常重要。

9. 写作练习

写出对一位癫痫病人的诊断报告，要求包括下列内容：

（1）病人的临床表现和脑CT诊断结果；
（2）以前做过哪些治疗；
（3）现在的病情；
（4）打算用什么治疗方案。

附录：与癫痫有关的术语

原发性癫痫	yuánfāxìng diānxián	primary epilepsy
继发性癫痫	jìfāxìng diānxián	secondary epilepsy
癫痫大发作	diānxián dà fāzuò	grand mal epilepsy
癫痫小发作	diānxián xiǎo fāzuò	minor epilepsy
癫痫性精神障碍	diānxiánxìng jīngshén zhàng'ài	epileptic mental disorder

第六课　看来病人一直没去正规医院治疗

一、生词语

1.	正规	zhèngguī	（形）	normal; regular
2.	脓	nóng	（名）	purulence
3.	消炎	xiāoyán	（动）	diminish inflammation
4.	化脓	huànóng	（动）	to fester
5.	中耳炎	zhōng'ěryán	（名）	tympanitis
6.	脑脓肿	nǎonóngzhǒng	（名）	encephalocele
7.	小脑	xiǎonǎo	（名）	cerebella
8.	的确	díquè	（副）	really
9.	脖子	bózi	（名）	neck
10.	眼底	yǎndǐ	（名）	eyeground
11.	水肿	shuǐzhǒng	（名）	edema; oedema
12.	边界	biānjiè	（名）	boundary
13.	密度	mìdù	（名）	density
14.	环状	huánzhuàng	（名）	annularity; ring
15.	区域	qūyù	（名）	area
16.	根治	gēnzhì	（动）	effect a radical cure
17.	青霉素	qīngméisù	（名）	penicillin
18.	甲硝唑	jiǎxiāozuò	（名）	metronidazole
19.	头孢菌素	tóubāojūnsù	（名）	cephalosporin
20.	联合	liánhé	（动）	to unite
21.	包膜	bāomó	（名）	envelope
22.	完好	wánhǎo	（形）	intact
23.	风险	fēngxiǎn	（名）	risk

二、课　文

zhǐdǎo yīshēng — Shǐ Píng
指导　医生——史　平
shíxíshēng— Kǎqí
实习生——卡奇
shénjīng wàikē bìngrén— Huáng Jiànguó (nán, shíliù suì)
神经　外科　病人——黄　　建国　（男，16岁）
bìngrén jiāshǔ — Zhōu Huá (Huáng Jiànguó de mǔqin)
病人　家属——周　华　（黄　　建国　的　母亲）

会话

史　平：卡奇，前几天从耳鼻喉科转来一位病人，你问过他的病情了吗？

卡　奇：问过了，我还看了他的病历。病人六年前右耳反复疼痛，还出现流**脓**症状，在当地卫生院进行了**消炎**处理后，没有继续治疗。

史　平：看来病人一直没去正规医院治疗。

卡　奇：是啊！五天前，病人右耳突然流血、流脓，头痛剧烈，并伴有恶心、呕吐，被送到我们医院的耳鼻喉科。

史　平：诊断结果是什么？

卡　奇：是慢性**化脓**性**中耳炎**，经X光检查，怀疑是继发**脑脓肿**。

史　平：从X光片上来看，病人**小脑**部位**的确**有炎症。

卡　奇：可以确诊吗？

史　平：现在还不能确定病灶的具体部位和大小。你先去通知病人做脑部CT检查，等检查结果出来后再谈谈你的诊断。

Shǐ Píng:　Kǎqí, qián jǐ tiān cóng ěrbíhóukē zhuǎnlai yí wèi bìngrén, nǐ wènguo tā de bìngqíng le ma?

Kǎqí: Wènguo le, wǒ hái kànle tā de bìnglì. Bìngrén liù nián qián yòu'ěr fǎnfù téngtòng, hái chūxiàn liúnóng zhèngzhuàng, zài dāngdì wèishēngyuàn jìnxíngle xiāoyán chǔlǐ hòu, méiyǒu jìxù zhìliáo.

Shǐ Píng: Kànlái bìngrén yìzhí méi qù zhèngguī yīyuàn zhìliáo.

Kǎqí: Shì a! Wǔ tiān qián, bìngrén yòu'ěr tūrán liúxuè, liúnóng, tóutòng jùliè, bìng bànyǒu ěxin, ǒutù, bèi sòngdào wǒmen yīyuàn de ěrbíhóukē.

Shǐ Píng: Zhěnduàn jiéguǒ shì shénme?

Kǎqí: Shì mànxìng huànóngxìng zhōng'ěryán, jīng X-guāng jiǎnchá, huáiyí shì jìfā nǎonóngzhǒng.

Shǐ Píng: Cóng X-guāngpiàn shang láikàn, bìngrén xiǎonǎo bùwèi díquè yǒu yánzhèng.

Kǎqí: Kěyǐ quèzhěn ma?

Shǐ Píng: Xiànzài hái bù néng quèdìng bìngzào de jùtǐ bùwèi hé dàxiǎo. Nǐ xiān qù tōngzhī bìngrén zuò nǎobù CT jiǎnchá, děng jiǎnchá jiéguǒ chūlai hòu zài tāntan nǐ de zhěnduàn.

2. 会话

周　　华：医生,我儿子住院都快一个星期了,怎么还没有好转啊?

卡　　奇：他几年前得了慢性中耳炎,你们早就该带他到正规医院来检查了!

周　　华：哎,他一直住在学校,也没告诉我们他身体不舒服啊! 他头痛、恶心、呕吐,我们也没想到是中耳炎的症状。

卡　　奇：中耳炎如果反复发作,也有可能引起脑部的感染,就会出现这些症状。

史　　平：小黄,你现在感觉怎么样?

黄建国：我头疼得厉害,就是这里(用手指着脑后)。有的时候脖子和前额也疼。

史　平：(检查病人眼部)**眼底**有点儿**水肿**。
周　华：医生,那我们该怎么办呢?
史　平：现在我们还说不好,要做一次脑部CT检查。在检查结果出来之前,先用抗生素治疗。

Zhōu Huá:　　　Yīshēng, wǒ érzi zhùyuàn dōu kuài yí ge xīngqī le, zénme hái méiyǒu hǎozhuǎn a?

Kǎqí:　　　　 Tā jǐ nián qián déle mànxìng zhōng'ěryán, nǐmen zǎo jiù gāi dài tā dào zhèngguī yīyuàn lái jiǎnchá le!

Zhōu Huá:　　　Ài, tā yìzhí zhùzài xuéxiào, yě méi gàosu wǒmen tā shēntǐ bū shūfu a! Tā tóutòng, ěxin, ǒutù, wǒmen yě méi xiǎngdào shì zhōng'ěryán de zhèngzhuàng.

Kǎqí:　　　　 Zhōng'ěryán rúguǒ fǎnfù fāzuò, yě yǒu kěnéng yǐnqǐ nǎobù de gǎnrǎn, jiù huì chūxiàn zhèxiē zhèngzhuàng.

Shǐ Píng:　　　Xiǎo Huáng, nǐ xiànzài gǎnjué zěnmeyàng?

Huáng Jiànguó: Wǒ tóuténg de lìhai, jiùshì zhèli (yòng shǒu zhǐzhe nǎohòu). Yǒu de shíhou bózi hé qián'é yě téng.

Shǐ Píng:　　　(jiǎnchá bìngrén yǎnbù) Yǎndǐ yǒu diǎnr shuǐzhǒng.

Zhōu Huá:　　　Yī shēng, nà wǒmen gāi zěnme bàn ne?

Shǐ Píng:　　　Xiànzài wǒmen hái shuō bu hǎo, yào zuò yí cì nǎobù CT jiǎnchá. Zài jiǎnchá jiéguǒ chūlai zhīqián, xiān yòng kàngshēngsù zhìliáo.

3. 成段表达 (卡奇对史医生说)

　　史老师,病人的脑CT报告出来了。我先说说我的诊断:病人小脑右侧有**边界**清晰的低**密度**病灶,静脉注射造影剂后,病灶周围出现**环状**的高密度**区域**,这是脑脓肿典型的"环征"。估计是病人的中耳炎一直没有得到**根治**,反复发作引起了脑脓肿。前段时间,我们对他采用了**青霉素**、**甲硝唑**和第三代**头孢菌素联合**疗法,但效果不是很明显。现在病人的脓肿差不多有3×2厘米大,情况比较严重。为了防止脓肿进一步扩大,产生并发症,我们是不是应该尽快为他进行脑脓肿切除术?这位病人脑内的脓肿**包膜**完好,而且脓肿不在脑部重要的功能区,我觉得手术**风险**会比较小。

Shǐ lǎoshī, bìngrén de nǎo CT bàogào chūlai le. Wǒ xiān shuōshuo wǒ de zhěnduàn: bìngrén xiǎonǎo yòucè yǒu biānjiè qīngxī de dīmìdù bìngzào, jìngmài zhùshè zàoyǐngjì hòu, bìngzào zhōuwéi chūxiàn huánzhuàng de gāomìdù qūyù, zhè shì nǎonóngzhǒng diǎnxíng de "huánzhēng". Gūjì shì bìngrén de zhōng'ěryán yìzhí méiyǒu dédào gēnzhì, fǎnfù fāzuò yǐnqǐle nǎonóngzhǒng. Qián duàn shíjiān, wǒmen duì tā cǎiyòngle qīngméisù, jiǎxiāozuò hé dì-sān dài tóubāojūnsù liánhé liáofǎ, dàn xiàoguǒ bú shì hěn míngxiǎn. Xiànzài bìngrén de nóngzhǒng chàbuduō yǒu sān chéng èr límǐ dà, qíngkuàng bǐjiào yánzhòng. Wèile fángzhǐ nóngzhǒng jìnyíbù kuòdà, chǎnshēng bìngfāzhèng, wǒmen shì bu shì yīnggāi jǐnkuài wèi tā jìnxíng nǎonóngzhǒng qiēchúshù? Zhè wèi bìngrén nǎonèi de nóngzhǒng bāomó wánhǎo, érqiě nóngzhǒng bú zài nǎobù zhòngyào de gōngnéngqū, wǒ juéde shǒushù fēngxiǎn huì bǐjiào xiǎo.

三、注 释

1. 卫生院

设在乡镇的条件设备相对比较简易的医疗机构。

The small hospital with some simple equipments in the country.

2. 看来病人一直没去正规医院治疗

"看来"常常放在句子的开头,是说话人对某种现象的肯定性推断,如:

"看来" at the beginning of a sentence indicates an affirmative conclusion the speaker draws. e.g.

(1) 看来他的身体恢复得不错。

(2) 看来我们的判断是正确的。

正规医院:在中国,"正规医院"包括公立医院和条件好的得到国家认可的"私人医院",与此相对应的"非正规医院"指"黑诊所"(非法诊所)或条件不好的私人医院。

In China, officially recognized or notified hospitals include public hospitals and private hospitals approved by medical authorities. On the contrary, non-officially recognized hospitals refer to those illegal clinics or unqualified private hospitals.

3. 慢性化脓性中耳炎 (chronic suppurative otitis media)

"慢性",指疾病发作得比较慢或发作时间持续比较长。"慢性病"指病理变化缓慢或不能在短时间内治好的病症,如高血压、糖尿病、慢性咽炎等。与此相反的是"急性病",如急性阑尾炎。

Chronic means a disease that develops gradually or lasts for a long time. Chronic diseases are those with slow pathological changes or cannot be cured in a short time, such as hypertension, diabetes, chronic pharyngitis, etc. The opposite of chronic is acute, for example, acute appendicitis.

"慢性化脓性中耳炎"是中耳粘膜、鼓膜或深达骨质的慢性化脓性炎症,常与慢性乳突炎合并存在。本病极为常见。临床上以耳内反复流脓、鼓膜穿孔及听力减退为特点,可引起严重的颅内外并发症而危及生命。

CSOM (chronic suppurative otitis media) is a persistent inflammation of middle ear mucosa, periosteum, or inner ear bones and often co-occurs with chronic mastoiditis. As a common disease, it is clinically characterized by recurrent purulent inner-ear, perforation of ear drum and amblyacousia. CSOM may also cause severe intracranial and extracranial complications, which is life-threatening.

4. 经 X 光检查,怀疑是继发脑脓肿

"脑脓肿"指细菌、真菌或寄生虫等病原体侵入脑组织,引起化脓性炎症形成的脓肿。

A brain abscess is a mass of pus when brain tissues are infected by bacteria or fungus or parasite and thus result in suppurative inflammation.

"经……检查,怀疑……":医生根据某项检查结果推测病人可能得了什么病,但还需要综合别的因素才能确诊时,可以用这个句型。如:

"经……检查,怀疑…… (by examination (I) suspect...)" is a pattern used by the doctor to make diagnostic hypothesis of a disease based on the results of some examinations, however, the hypothesis need to be verified by taking other factors into consideration. e.g.

(1) 经 B 超和尿液检查,怀疑他得了胆石症。

(2) 经 B 超检查,怀疑她得了肝囊肿。

5. 眼底有点儿水肿

眼底:眼球内后部的组织,即视网膜、视乳头、黄斑和视网膜中央动静脉。眼底检查十分重要,许多疾病都可以从眼底上反映出来,它的变化在一定程度上反映了一些器官的改变程度。

眼底镜所见(右侧)
中央凹 黄斑 视神经盘

Fundus oculi refers to internal posterior tissues of eyeballs, including retina, optic papilla, yellow macular and central retinal vessel. Fundus examination is very important as many diseases can be indicated in fundus oculi. Changes in fundus oculi can reflect the changes of some organs.

水肿：指血管外的组织间隙中有过多的体液积聚，为临床常见症状之一。与肥胖不同，水肿表现为手指按压皮下组织少的部位时，有明显的凹陷。

Edema is the increase of interstitial fluid in an organ, a usual clinical symptom. It is different from obesity, when one presses the part of the body with less subcutaneous tissues, an obvious sagging can be seen.

"身体部位+有点儿+形容词"，医生或病人都常用这一句式来说明不是太严重的病情、症状。如：

The pattern "身体部位(body part)+有点儿(somewhat)+形容词(adj.)" is usually used by both doctors and patients to describe symptoms of diseases which are not severe. e.g.

(1) 腿有点儿疼。

(2) 腰有点儿酸。

(3) 肚子有点儿不舒服。

6. 造影剂

做造影检查时口服和注射的 X 射线不能透过的药物叫"造影剂"。造影剂能使某些器官在 X 射线下显示出来，以便检查疾病。

Radiocontrast agents are radiopaque substances swallowed or injected during contrast examinations. Radiocontrast agents can improve the visibility of internal bodily structures in an X-ray image for diagnose diseases.

7. 脑脓肿典型的"环征"

脑脓肿形成后，CT 和造影检查可见圆形低密度病灶区周围有环状的高密度区域，这种脑脓肿独有的特征称为"环征"。

When a brain abscess is formed, the round low density focal zone can be seen, surrounded by an annular high density area through CT and radiography examination. This is a typical indication of brain abscess called annular character.

8. 根治

指彻底治愈疾病，使疾病不再复发。

If a radical cure is achieved, the patient is recovered thoroughly from the

disease, and the disease will never occur again.

9. 联合疗法

　　如果病人的病情比较复杂,需要综合使用多种治疗方法,称为"联合疗法"。

　　If the conditions of a disease are complex, it is necessary to combine several methods in the course of treatment, which is called combined treatment.

10. 我们是不是应该尽快为他进行脑脓肿切除手术?

　　实习生在针对病人病情提出治疗意见时,往往会向指导医生咨询,这时候常用:"我们是不是应该……?"

　　When interns recommend a treatment, they usually discuss it with the supervisor using "我们是不是应该……?"

四、练 习

1. 听与读

流脓	流血	区域
流脓症状	突然流血	脑区
出现流脓症状	右耳突然流血	肝区
		心前区
中耳炎	脑脓肿	功能区
慢性中耳炎	继发性脑脓肿	
化脓	水肿	
慢性化脓性中耳炎	眼底水肿	
低密度	抗生素	片状
低密度病灶	青霉素	块状
高密度	甲硝唑	环状
高密度区域	第三代头孢菌素	杵状指
造影剂	消炎	
注射造影剂	消炎处理	
静脉注射造影剂	进行消炎处理	

2. 替换与扩展

(1) 眼底有点儿 <u>水肿</u>。

病人的伤口	痛
他的头	晕
她的血压	高
我的背	酸

(2) 病人的右耳突然流血、流脓，头痛剧烈，还伴有恶心、呕吐。

小王感冒、发烧		头痛
他得了肺炎		下肢浮肿
病人头痛、失眠		胃溃疡

(3) 只能先用<u>抗生素</u>治疗了。

| 解痉药 |
| 化学方法 |
| 药物 |
| 中药 |

3. 看汉字，写拼音

青霉素 _____ 边界 _____ 密度 _____

头孢菌素 _____ 区域 _____ 脖子 _____

甲硝唑 _____ 环状 _____ 化脓 _____

脑脓肿 _____

4. 看拼音，写汉字

díquè _____   xiāoyán _____   zhèngguī _____

wánhǎo _____   gēnzhì _____   shuǐzhǒng _____

liánhé _____   zhōng'ěryán _____

5. 两人一组完成下列对话并进行互相问答

史医生：卡奇，前几天从耳鼻喉科转来一个病人，你问过_____？

卡奇：问过了，我还看了他的病历。病人六年前右耳反复疼痛，并出现流脓症状，在当地卫生院进行了_____。

史医生：_____是什么？

卡奇：诊断为慢性化脓性中耳炎,经 X 光检查,怀疑是＿＿＿＿＿＿＿＿＿。
史医生：从 X 光片上来看,病人＿＿＿＿＿＿＿＿＿＿＿＿＿＿＿＿。
卡奇：＿＿＿＿＿＿＿＿＿＿吗?
史医生：现在还不能确定病灶的具体部位和大小。你先去通知病人做＿＿＿＿＿
　　　　＿＿＿＿＿＿＿,等结果出来后再谈谈你的＿＿＿＿＿＿＿。

6. 两人一组,根据问句写出合适的应答句后进行互相问答

（1）医生：你问过从耳鼻喉科转来的那位病人的病情了吗?
　　　实习生：＿＿＿＿＿＿＿＿＿＿＿＿＿＿＿＿＿＿＿＿＿＿＿＿＿＿＿。

（2）医生：病人现在怎么样了?
　　　实习生：＿＿＿＿＿＿＿＿＿＿＿＿＿＿＿＿＿＿＿＿＿＿＿＿＿＿＿。

（3）医生：耳鼻喉科对他的诊断结果是什么?
　　　实习生：＿＿＿＿＿＿＿＿＿＿＿＿＿＿＿＿＿＿＿＿＿＿＿＿＿＿＿。

（4）医生：你认为这位病人为什么会得脑脓肿?
　　　实习生：＿＿＿＿＿＿＿＿＿＿＿＿＿＿＿＿＿＿＿＿＿＿＿＿＿＿＿。

（5）医生：你认为应该用什么方法治疗?
　　　实习生：＿＿＿＿＿＿＿＿＿＿＿＿＿＿＿＿＿＿＿＿＿＿＿＿＿＿＿。

7. 用下列汉字组词

肿＿＿＿＿＿＿　＿＿＿＿＿＿＿　＿＿＿＿＿＿＿
状＿＿＿＿＿＿＿　＿＿＿＿＿＿＿　＿＿＿＿＿＿＿
症＿＿＿＿＿＿＿　＿＿＿＿＿＿＿　＿＿＿＿＿＿＿
区＿＿＿＿＿＿＿　＿＿＿＿＿＿＿　＿＿＿＿＿＿＿
度＿＿＿＿＿＿＿　＿＿＿＿＿＿＿　＿＿＿＿＿＿＿
炎＿＿＿＿＿＿＿　＿＿＿＿＿＿＿　＿＿＿＿＿＿＿

8. 选择合适的词语填空(每个词语只能用一次)

(脑脓肿　脖子　正规　水肿　风险　的确　流脓　密度　消炎　化脓　根治)

（1）看来病人一直没去＿＿＿＿＿＿医院治疗。
（2）这种病＿＿＿＿＿＿的可能性不大。
（3）他被耳鼻喉科诊断为慢性中耳炎,经 X 光检查,怀疑是继发＿＿＿＿＿＿。
（4）用电脑时间太长会引起＿＿＿＿＿＿疼。
（5）从 X 光片上来看,病人小脑部位＿＿＿＿＿＿有炎症。
（6）检查发现,病人的眼底有点儿＿＿＿＿＿＿。
（7）脑脓肿切除手术的＿＿＿＿＿＿大不大?

（8）病人小脑右侧有边界清晰的低_____病灶。

（9）伤口有小部分_____怎么办？

（10）病人右耳出现_____症状，需要进行_____处理。

9. 根据课文内容判断正误

（　）(1) 病人六年前被确诊为慢性化脓性中耳炎。

（　）(2) 中耳炎如果反复发作，有可能引起脑部感染。

（　）(3) 在黄建华的脑CT检查结果出来之前，什么治疗方法都不能使用。

（　）(4) 病人的中耳炎已经根治了。

（　）(5) 病人脑内的脓肿包膜完好，但是脓肿在脑部重要的功能区，卡奇觉得手术风险比较小。

10. 参考使用下列词语看图对话

场景提示：实习生和指导医生的对话。实习生卡奇拿着病人的脑CT诊断向指导医生史平陈述自己的诊断依据和结果，史医生询问卡奇在对病人的治疗中采取了哪些疗法，效果如何。

(低密度病灶　高密度区域　造影剂　环征　联合疗法　并发症　脑脓肿切除术)

附录：与中耳炎相关的术语

●急性中耳炎	急性非化脓性中耳炎	jíxìng fēi-huànóngxìng zhōng'ěryán	acute non-purulent tympanitis
	急性化脓性中耳炎	jíxìng huànóngxìng zhōng'ěryán	acute purulent tympanitis
	急性坏死性中耳炎	jíxìng huàisǐxìng zhōng'ěryán	acute necrotic tympanitis
	急性乳突炎	jíxìng rǔtūyán	acute mastoiditis

● 慢性中耳炎	慢性非化脓性中耳炎	mànxìng fēi-huànóngxìng zhōng'ěryán	chronic non-purulent tympanitis
	慢性化脓性中耳炎（含乳突炎）	mànxìng huànóngxìng zhōng'ěryán (hán rǔtūyán)	chronic purulent tympanitis (including mastoiditis)
● 中耳炎后遗症	鼓膜穿孔	gǔmó chuānkǒng	perforation of tympanic membrane
	粘连性中耳炎	zhānliánxìng zhōng'ěryán	adhesive otitis media

第七课　怎么会骨折呢？

一、生词语

1.	腕	wàn	（名）	wrist
2.	餐叉	cānchā	（名）	dinner fork
3.	畸形	jīxíng	（名）	abnormality; monstrosity
4.	量尺试验	liángchǐ shìyàn		ruler test
5.	桡骨	ráogǔ	（名）	radius
6.	端	duān	（名）	end; extremity
7.	尺骨	chǐgǔ	（名）	ulna
8.	茎突	jīngtū	（名）	styloid process
9.	撕脱	sītuō	（动）	to avulse
10.	伸直型骨折	shēnzhíxíng gǔzhé		colles' fracture
11.	复位	fùwèi	（动）	to reduce
12.	石膏	shígāo	（名）	plaster
13.	固定	gùdìng	（动）	to fix
14.	韧带	rèndài	（名）	ligament
15.	消肿	xiāozhǒng	（动）	reduce swelling
16.	屈	qū	（动）	to bend; to bow
17.	撑	chēng	（动）	prop up; to support
18.	受力	shòu lì		endure strength
19.	胶原蛋白	jiāoyuán dànbái		collagen
20.	钙	gài	（名）	calcium
21.	肌肉	jīròu	（名）	muscle
22.	力量	lìliàng	（名）	strength; power

二、课文

```
zhǐdǎo yīshēng —   Lǐ Fán
指导  医生 —— 李 凡
shíxíshēng —   Ābǔdùlā, Báiruìdì
实习生 ——阿卜杜拉、白瑞蒂
gǔkē  sì chuáng  bìngrén — Wáng Xiǎojūn
骨科 4  床    病人 —— 王   晓军
jiāshǔ  — Zhōu Fān (Wáng Xiǎojūn de mǔqin)
家属 —— 周  帆（王   晓军  的 母亲）
```

1. 会话

白 瑞 蒂：阿卜杜拉，你知道4床病人的情况吗？

阿卜杜拉：不太清楚，我也是今天刚从内科过来的。李老师来了，我们问问他吧。

阿卜杜拉、白 瑞 蒂：李老师好！

李　　凡：你们好。你们是今天刚来的实习生吗？

白 瑞 蒂：对，我是白瑞蒂，他是阿卜杜拉。主任让我们两个负责4床。

李　　凡：好。你们先看看他的病历吧！

阿卜杜拉：病人王晓军，两周前摔伤了右手腕，入院时手腕呈**餐叉**样畸形，**量尺试验**阳性。

白 瑞 蒂：X光片显示病人**桡骨远端骨折**，**尺骨茎突**有小块骨片**撕脱**。

李　　凡：念得不错。从临床症状和X光片可以看出，这是典型的桡骨远端**伸直型骨折**。

白 瑞 蒂：那该怎么治疗呢？

李　　凡：当时对病人进行了**复位**，并用**石膏固定**。现在病人恢复得还不错，再观察一周应该就可以出院了。

Báiruìdì:　　Ābǔdùlā, nǐ zhīdao sì chuáng bìngrén de qíngkuàng ma?

Ābǔdùlā:　　Bú tài qīngchu, wǒ yě shì jīntiān gāng cóng nèikē guòlai de. Lǐ lǎoshī lái le, wǒmen wènwen tā ba.

Ābǔdùlā、Báiruìdì: Lǐ lǎoshī hǎo!

Lǐ Fán:　　Nǐmen hǎo. Nǐmen shì jīntiān gāng lái de shíxíshēng ma?

Báiruìdì:　　Duì, wǒ shì Báiruìdì, tā shì Ābǔdùlā. Zhǔrèn ràng wǒmen liǎng ge fùzé sì chuáng.

Lǐ Fán:　　Hǎo. Nǐmen xiān kànkan tā de bìnglì ba!

Ābǔdùlā:　　Bìngrén Wáng Xiǎojūn, liǎng zhōu qián shuāishàngle yòu shǒuwàn, rùyuàn shí shǒuwàn chéng cānchāyàng jīxíng, liángchǐ shìyàn yángxìng.

Báiruìdì:　　X-guāngpiàn xiǎnshì bìngrén ráogǔ yuǎnduān gǔzhé, chǐgǔ jīngtū yǒu xiǎo kuài gǔpiàn sītuō.

Lǐ Fán:　　Niàn de búcuò. Cóng línchuáng zhèngzhuàng hé X-guāngpiàn kěyǐ kànchū, zhè shì diǎnxíng de ráogǔ yuǎnduān shēnzhíxíng gǔzhé.

Báiruìdì:　　Nà gāi zěnme zhìliáo ne?

Lǐ Fán:　　Dāngshí duì bìngrén jìnxíngle fùwèi, bìng yòng shígāo gùdìng. Xiànzài bìngrén huīfù de hái búcuò, zài guānchá yì zhōu yīnggāi jiù kěyǐ chūyuàn le.

2. 会话

王晓军：医生，我的手腕什么时候才能好啊？

白瑞蒂：骨折恢复起来是比较慢的，你不要着急。现在感觉怎么样了？

王晓军：右手还有几点疼，而且还有些肿，会不会**韧带**也受伤了？

白瑞蒂：应该不会。手的肿胀和疼痛可能是固定时间比较长引起的。

王晓军：我现在可以活动右手吗？

白瑞蒂：当然可以,适当地活动一下儿可以帮助**消肿**。
王晓军：那我应该怎么活动呢？
白瑞蒂：只要不引起剧痛,可以做一些手腕的**屈伸**运动。但如果引起剧痛,就要马上停止运动。
王晓军：好,谢谢您！哎,我只是用手**撑**了一下儿地,怎么就会骨折呢？
白瑞蒂：撑地时手腕**受力**比较多,所以容易骨折。
王晓军：哦,我以后一定会小心了。

Wáng Xiǎojūn: Yīshēng, wǒ de shǒuwàn shénme shíhou cái néng hǎo a?
Báiruìdì: Gǔzhé huīfù qǐlai shì bǐjiào màn de, nǐ bú yào zháojí. Xiànzài gǎnjué zěnmeyàng le?
Wáng Xiǎojūn: Yòushǒu hái yǒu diǎnr téng, érqiě hái yǒuxiē zhǒng, huì bu huì rèndài yě shòushāng le?
Báiruìdì: Yīnggāi bú huì. Shǒu de zhǒngzhàng hé téngtòng kěnéng shì gùdìng shíjiān bǐjiào cháng yǐnqǐ de.
Wáng Xiǎojūn: Wǒ xiànzài kěyǐ huódòng yòushǒu ma?
Báiruìdì: Dāngrán kěyǐ, shìdàng de huódòng yíxiàr kěyǐ bāngzhù xiāozhǒng.
Wáng Xiǎojūn: Nà wǒ yīnggāi zěnme huódòng ne?
Báiruìdì: Zhǐyào bù yǐnqǐ jùtòng, kěyǐ zuò yìxiē shǒuwàn de qūshēn yùndòng. Dàn rúguǒ yǐnqǐ jùtòng, jiù yào mǎshàng tíngzhǐ yùndòng.
Wáng Xiǎojūn: Hǎo, xièxie nín! Āi, wǒ zhǐshì yòng shǒu chēngle yíxiàr dì, zénme jiù huì gǔzhé ne?
Báiruìdì: Chēngdì shí shǒuwàn shòulì bǐjiào duō, suǒyǐ róngyì gǔzhé.
Wáng Xiǎojūn: Ò, wǒ yǐhòu yídìng huì xiǎoxīn le.

3. 成段表达（白瑞蒂对周帆说）

周女士,您儿子最近恢复得比较好,一周以后骨折部位就不再需要固定了,但骨折完全恢复还需要三到四周。这段时间您要给他加强营养。**胶原蛋白**、**钙**和维生素C、D都可以帮助骨折的恢复,所以要多给他喝骨头汤和牛奶。平时可以让他多晒晒太阳,阳光可以帮助维生素D的产生。另外,平时的康复训练也很重要。在拿掉石膏之前,您一定要让他经常活动,做一些手部的屈伸和转动手腕的练习,这样可以锻炼**肌肉**和韧带,保持手的**力量**。但是注意不要太用力做这些动作,防止骨折的地方再次受伤。只要做好这几点,您儿子的手腕会很快康复的,您就放心吧。

Zhōu nǚshì, nín érzi zuìjìn huīfù de bǐjiào hǎo, yì zhōu yǐhòu gǔzhé bùwèi jiù búzài xūyào gùdìng le, dàn gǔzhé wánquán huīfù hái xūyào sān dào sì zhōu. Zhè duàn shíjiān nín yào gěi tā jiāqiáng yíngyǎng. Jiāoyuán dànbái, gài hé wéishēngsù C、D dōu kěyǐ bāngzhù gǔzhé de huīfù, suǒyǐ yào duō gěi tā hē gútoutāng hé niúnǎi. Píngshí kěyǐ ràng tā duō shàishai tàiyáng, yángguāng kěyǐ bāngzhù wéishēngsù D de chǎnshēng. Lìngwài, píngshí de kāngfù xùnliàn yě hěn zhòngyào. Zài nádiào shígāo zhīqián, nín yídìng yào ràng tā jīngcháng huódòng, zuò yìxiē shǒubù de qūshēn hé zhuàndòng shǒuwàn de liànxí, zhèyàng kěyǐ duànliàn jīròu hé rèndài, bǎochí shǒu de lìliàng. Dànshì zhùyì bú yào tài yònglì zuò zhèxiē dòngzuò, fángzhǐ gǔzhé de dìfang zàicì shòushāng. Zhǐyào zuòhǎo zhè jǐ diǎn, nín érzi de shǒuwàn huì hěn kuài kāngfù de, nín jiù fàngxīn ba.

三、注 释

1. 量尺试验

这是骨科常用的检查方法,目的是为了确诊病人有没有发生桡骨远端伸直型骨折。把量尺放在手臂的内侧,如果量尺与尺骨茎突之间的距离不到1厘米,甚至量尺与尺骨桡骨茎突接触,就表示发生了桡骨远端伸直型骨折,称为"量尺试验阳性"。

This is the usual examination in the orthopedics department. Its purpose is to make a definite diagnosis of Colles' fracture. The test is considered positive, i.e. "量尺试验阳性" if the distance between the ruler and ulnar styloid process is less than 1cm or even both can touch each other when the ruler is put on the inner side of the arm. A positive test is indication of Colles' fracture.

2. 桡骨/尺骨/桡骨茎突/尺骨茎突

人类的自由上肢骨的构成从上到下依次为:肱(gōng)骨、桡骨与尺骨、腕骨、掌骨和指骨。其中桡骨位于前臂外侧,前臂内侧为尺骨,桡骨与尺骨的近端

与肱骨连接,远端与腕骨连接。桡骨下端外侧向下的突起称桡骨茎突,而尺骨下端的后内侧向下伸出的突起称为尺骨茎突。

The bones of human free upper limb consists of 6 bones listed as follows in an upward-downward direction: humerus, radius and ulna, carpal, metacarpals and phalanges. Radius lies in the outer side of the forearm while ulna lies in the inner side of forearm. The near end of radius and ulna link with humerus while the far end link with carpal. The process at the lower outer side of radius is called radial styloid process radius while the one at the back inner side of ulnar is called ulnar styloid process.

3. 远端

医学解剖学在描述人体器官的位置关系时,有一些专门的方位用语,常用的有:上/下(近头的为上,近足的为下)、前/后(近腹的为前,近背的为后)、内/外(凡有空腔的器官,靠近内腔的为内,远离内腔的为外)、浅/深(接近体表或器官表面的为浅,远离的为深)。而在描述四肢各部结构时,接近躯干的称为近端或近侧,远离躯干的称为远端或远侧。例如:桡骨远端是指靠近手腕的一侧,而桡骨近端则是指靠近手肘的一侧。

Some special terms are used to describe organ relations in anatomy. For example: "上/下"(The part close to the head is superior while the one close to the foot is inferior);"前/后"(The part around the abdomen is anterior while the one around the back is posterior);"内/外"(For organs with cavity, the inner part of the cavity is internal while the outer side part is external);"浅/深"(The part close to the skin or the organ surface is superficial while the part farther is profound). When limb structures are described, the parts close to the trunk are proximal while the parts farther are distal. For example: the distal end of the radius is the radial end near the wrist, while proximal end of the radius is the radial end near the knuckle.

4. 伸直型骨折

专指桡骨远端2～3厘米以内向背侧移位的骨折。这种骨折是人体最常发生的骨折之一。因为爱尔兰医生科勒斯(Colles)首先报道这种骨折,所以又称"科勒斯骨折"、"克雷氏骨折"。

It refers to a fracture of the radius about 2-3 cm above the wrist with dorsal displacement of the distal fragment. It is one of the most common fractures in human beings. It's named after Abraham Colles, an Irish surgeon who first reported this kind of fracture.

四、练 习

1. 听与读

腕	腕骨	远端	尺骨远端	餐叉样
手腕	尺骨	近端	尺骨近端	水样
脚腕	桡骨	上端	桡骨远端	呈餐叉样
左手腕	指骨	下端	桡骨近端	呈水样
右手腕	肋骨	始端	尺骨茎突	
		末端	桡骨茎突	骨折
消肿		两端	桡骨上端	桡骨远端骨折
消炎			桡骨下端	伸直型骨折

屈伸运动	胶原蛋白	畸形	量尺试验阳性
手腕的屈伸运动	植物蛋白	双腿畸形	量尺试验阴性
手臂的屈伸运动	动物蛋白	手指畸形	

2. 替换与扩展

(1) 手腕呈餐叉样畸形。

病人的墨菲氏征	阳性
4床的尿蛋白	阴性
病人的大便	水样

(2) 适当地活动一下儿可以帮助消肿。

康复训练	病人早点儿康复
胶原蛋白、钙和维生素C、D	骨折的恢复
适当地喝一点儿葡萄酒	预防心脑血管病
控制饮食	你有效控制体重

(3) 只要做好这几点,你的手腕会很快康复的。

注意加强营养	他的骨折会很快恢复的
经常锻炼身体	你的身体就会越来越好的
按时吃药	孩子的感冒会很快好起来的
做好各种准备工作	明天的手术会成功的

(4) 如果引起疼痛,就要马上停止运动。

你有高血压	不要做剧烈运动
经常大吃大喝	容易得胰腺炎、糖尿病
常常锻炼肌肉和韧带	可以保持手的力量
她对花粉过敏	不要给她送花
要减轻病人的剧痛	给他吃一些解痉止痛药

3. 看汉字,写拼音

骨折 _____　　撕脱 _____　　尺骨茎突 _____

钙 _____　　　手腕 _____　　石膏固定 _____

桡骨 _____　　韧带 _____　　胶原蛋白 _____

肌肉 _____　　复位 _____　　伸直型 _____

远端 _____　　畸形 _____

4. 两人一组完成下列对话并进行互相问答

(1) 李医生:你们先看看4床的_____吧。

实习生:病人张军,一周前摔伤了右手腕,入院时手腕_____畸形,
量尺试验_____。X光片显示病人_____,
尺骨茎突有小块骨片撕脱。

李医生:对。从_____可以看出,这是_____的桡骨
远端_____骨折。

实习生:那该怎么治疗呢?

李医生:当时对病人进行了_____,并用_____固定。现
在病人恢复得还不错,再_____应该就可以出院了。

(2) 王晓军:我现在右手可以_____吗?

白瑞蒂:当然可以,适当地活动一下儿可以_____。

王晓军:那我应该怎么活动呢?

白瑞蒂：只要不引起剧痛，可以做一些手腕的_____伸运动。但如果_____，就要_____。

王晓军：好的，谢谢您！哎，我只是用手_____了一下儿地，怎么就会骨折呢？

白瑞蒂：撑地时手腕_____比较多，所以容易骨折。

5. **两人一组，根据课文写出合适的应答句后进行互相问答**

   (1) 医生：从临床症状和 X 光片可以看出对病人的诊断结果是什么？
       实习生：_____。

   (2) 病人：我只是用手撑了一下儿地，怎么就会骨折呢？
       实习生：_____。

   (3) 医生：你认为应该怎么治疗典型的桡骨远端伸直型骨折？
       实习生：_____。

   (4) 病人：我骨折了，在饮食方面应该注意什么？
       实习生：_____。

   (5) 病人：在拿掉石膏之前，为什么一定要经常活动？
       实习生：_____。

6. **参考使用下列词语看图对话**

   场景提示：实习生和病人的对话。

   图1：病人左手托着右手，喊着"哎哟"走进急诊室，大夫询问病情病因，并给病人开 X 光片检查单。

   图2：大夫拿着 X 光片，指着病人的手腕，告诉病人桡骨骨折；病人非常惊讶，问大夫为什么会这样。

   图3：大夫为病人进行骨折复位，并用石膏给他的骨折部位进行固定；病人问大夫怎么样才能恢复得快，大夫回答了他。

(手腕　桡骨骨折　撑　受力　复位　石膏　固定　屈　伸　消肿　胶原蛋白　钙　维生素 C、D)

7. 选择合适的词语填空(每个词语只能用一次)

(畸形　胶原蛋白　受力　复位　远端　韧带　消肿　肌肉　固定　力量)

(1) 运动员经常锻炼,所以_____都比较发达。
(2) 上肢骨折的治疗是先对骨折部位进行_____,然后用石膏_____。
(3) _____是动物体内含量最丰富的蛋白质。
(4) 患者的右手手腕_____了吗?
(5) 穿高跟鞋时脚的前半部_____比较多。
(6) 他在跑步比赛中_____受伤了。
(7) 有三分之一的支气管扩张患者的手指会出现_____。
(8) 锻炼以后,他手的_____越来越大了。
(9) 从临床症状和 X 光片可以看出,这是典型的桡骨_____伸直型骨折。

8. 两人一组,把课文 3 的成段表达改成对话,并进行会话练习

附录:常用专业词语

股骨	gǔgǔ	thighbone; femur
胫骨	jìnggǔ	shin bone; tibia
腓骨	féigǔ	fibula
跗骨	fūgǔ	tarsal bones; tarsus
跖骨	zhígǔ	metatarsal bones
趾骨	zhígǔ	toe bones
肱骨	gōnggǔ	humerus
掌骨	zhǎnggǔ	metacarpal bone
错位	cuòwèi	dislocation

第八课 今天您觉得膝盖还疼吗？

一、生词语

1.	膝盖	xīgài	（名）	knee
2.	潮湿	cháoshī	（形）	wet
3.	原因	yuányīn	（名）	reason
4.	关节	guānjié	（名）	joint
5.	摩擦	mócā	（名/动）	friction; to frict
6.	僵硬	jiāngyìng	（形）	stiff
7.	关节腔	guānjiéqiāng	（名）	joint cavity
8.	积液	jīyè	（名）	effusion
9.	布洛芬	bùluòfēn	（名）	Ibuprofen
10.	晨僵	chénjiāng	（名）	morning stiffness
11.	软骨	ruǎngǔ	（名）	cartilage
12.	粗糙	cūcāo	（形）	rough
13.	变形	biànxíng	（动）	to deform
14.	间隙	jiànxì	（名）	clearance
15.	对称	duìchèn	（形）	symmetrical
16.	骨质增生	gǔzhì zēngshēng		hyperostosis
17.	骨关节炎	gǔguānjiéyán	（名）	osteoarthritis
18.	透明质酸	tòumíng zhìsuān		hyaluronic acid(HA)
19.	润滑	rùnhuá	（动）	to lubricate
20.	结缔组织	jiédì zǔzhī		connective tissue
21.	老化	lǎohuà	（动）	to age
22.	磨损	mósǔn	（动）	wear and tear
23.	负担	fùdān	（名）	burden

二、课 文

zhǐdǎo yīshēng — Máo Lìpíng
指导 医生 —— 茅 丽萍
shíxíshēng — Shānà、Ābǔdùlā
实习生 —— 莎娜、阿卜杜拉
gǔkē èrshíyī chuáng bìngrén — Zhōu Fèngméi (nǚ, liùshíwǔ suì)
骨科 21 床 病人 —— 周 凤梅（女，65 岁）

1. 会话

周凤梅：莎娜医生，这么早就来查房啦？

莎　娜：是啊，周阿姨，今天您觉得膝盖还疼吗？

周凤梅：还是疼啊，一遇到这种阴雨天就疼得更厉害。

莎　娜：可能是这两天天气比较**潮湿**的**原因**吧，我来给您检查一下儿。请您活动活动膝**关节**。

周凤梅：你听，关节一动就有这种**摩擦**的声音。

莎　娜：您不要一直躺在床上，要适当下床活动活动啊。

周凤梅：我的膝盖感觉很**僵硬**，动一下儿就疼得很厉害，特别是早晨刚起床的时候，实在不方便活动啊。

莎　娜：活动活动就会好一点儿。

周凤梅：我的膝盖好像还有点儿肿。

莎　娜：是**关节腔**里可能有**积液**。茅医生开的药，您按时吃了吗？

周凤梅：是**布洛芬**吗？都按时吃了。

莎　娜：好，那您先休息吧。下午给您拍X光片，等结果出来我再来看您。

Zhōu Fèngméi: Shānà yīshēng, zhème zǎo jiù lái cháfáng la?
Shānà: Shì a, Zhōu āyí, jīntiān nín juéde xīgài hái téng ma?
Zhōu Fèngméi: Háishi téng a, yí yùdào zhè zhǒng yīnyǔtiān jiù téng de gèng lìhai.
Shānà: Kěnéng shì zhè liǎng tiān tiānqì bǐjiào cháoshī de yuányīn ba, wǒ lái gěi nín jiǎnchá yíxiàr. Qǐng nín huódòng huódòng xīguānjié.
Zhōu Fèngméi: Nǐ tīng, guānjié yí dòng jiù yǒu zhè zhǒng mócā de shēngyīn.
Shānà: Nín bú yào yìzhí tǎngzài chuángshang, yào shìdàng xiàchuáng huódòng huódòng a.
Zhōu Fèngméi: Wǒ de xīgài gǎnjué hěn jiāngyìng, dòng yíxiàr jiù téng de hěn lìhai, tèbié shì zǎochen gāng qǐchuáng de shíhou, shízài bù fāngbiàn huódòng a.
Shānà: Huódòng huódòng jiù huì hǎo yìdiǎnr.
Zhōu Fèngméi: Wǒ de xīgài hǎoxiàng hái yǒu diǎnr zhǒng.
Shānà: Shì, guānjiéqiāng li kěnéng yǒu jīyè. Máo yīshēng kāi de yào, nín ànshí chīle ma?
Zhōu Fèngméi: Shì bùluòfēn ma? Dōu ànshí chī le.
Shānà: Hǎo, nà nín xiān xiūxi ba. Xiàwǔ gěi nín pāi X-guāngpiàn, děng jiéguǒ chūlai wǒ zài lái kàn nín.

2. 会话

茅丽萍：莎娜，早上查房的情况怎么样？

莎　娜：21床膝关节炎的病人说早晨起来膝盖疼得厉害，而且膝关节僵硬。

茅丽萍：这是"**晨僵**"症状，病人的膝关节有**摩擦音**吗？

莎　娜：有很清晰的摩擦音。

茅丽萍：这是因为病人膝部**软骨**损伤，使膝关节变得**粗糙**，所以活动的时候会有摩擦的声音。

莎　娜：哦。另外，病人膝关节还有些肿胀，好像关节内有积液。

茅丽萍：X光片的结果出来了吗？

莎　娜：出来了，您看看。

茅丽萍：嗯，病人骨端有些**变形**，关节**间隙不对称**。

莎　娜：是啊，关节看上去很粗糙。

茅丽萍：你看这里，关节边缘的**骨质增生**很明显。

莎　娜：难怪病人的膝关节不但疼痛而且活动不方便呢。

Máo Lìpíng:	Shānà, zǎoshang cháfáng de qíngkuàng zěnmeyàng?
Shānà:	Èrshíyī chuáng xī guānjiéyán de bìngrén shuō zǎochen qǐlai xīgài téng de lìhai, érqiě xīguānjié jiāngyìng.
Máo Lìpíng:	Zhè shì "chénjiāng" zhèngzhuàng, bìngrén de xīguānjié yǒu mócāyīn ma?
Shānà:	Yǒu hěn qīngxī de mócāyīn.
Máo Lìpíng:	Zhè shì yīnwèi bìngrén xībù ruǎngǔ sǔnshāng, shǐ xīguānjié biàn de cūcāo, suǒyǐ huódòng de shíhou huì yǒu mócā de shēngyīn.
Shā Nà:	Ò. Lìngwài, bìngrén xīguānjié hái yǒuxiē zhǒngzhàng, hǎoxiàng guānjié nèi yǒu jīyè.
Máo Lìpíng:	X-guāngpiàn de jiéguǒ chūlai le ma?
Shānà:	Chūlai le, nín kànkan.
Máo Lìpíng:	Èn, bìngrén gǔduān yǒu xiē biànxíng, guānjié jiànxì bú duìchèn.
Shānà:	Shì a, guānjié kàn shangqu hěn cūcāo.
Máo Lìpíng:	Nǐ kàn zhèlǐ, guānjié biānyuán de gǔzhì zēngshēng hěn míngxiǎn.
Shānà:	Nánguài bìngrén de xīguānjié búdàn téngtòng érqiě huódòng bù fāngbiàn ne.

3. 成段表达 (莎娜对阿卜杜拉说)

阿卜杜拉,21床周女士的膝关节得了**骨关节炎**。这种关节炎不化脓,但是很疼,使病人活动非常不便。茅老师已经开了布洛芬,先给她止痛。由于X光片显示病人关节软骨的损伤比较严重,所以我们打算过几天在病人膝关节内注射**透明质酸**,它可以起到**润滑**关节、保护关节软骨的作用。茅老师告诉我,这个病人年纪比较大了,**结缔组织老化**,病灶已经不能完全康复了,但是正确的治疗可以控制病情。茅老师还让我明天查房的时候告诉病人,以后要适当锻炼,但不能过度劳累,防止关节**磨损**。另外还要让她多吃含钙高的食物,同时要控制饮食,减轻体重,减轻关节的**负担**。

Ābǔdùlā, èrshíyī chuáng Zhōu nǚshì de xīguānjié déle gǔguānjiéyán. Zhè zhǒng guānjiéyán bú huànóng, dànshì hěn téng, shǐ bìngrén huódòng fēicháng búbiàn.

Máo lǎoshī yǐjīng kāle bùluòfēn, xiān gěi tā zhǐtòng. Yóuyú X-guāngpiàn xiǎnshì bìngrén guānjié ruǎngǔ de sǔnshāng bǐjiào yánzhòng, suǒyǐ wǒmen dǎsuan guò jǐ tiān zài bìngrén xīguānjié nèi zhùshè tòumíng zhìsuān, tā kěyǐ qǐdào rùnhuá guānjié, bǎohù guānjié ruǎngǔ de zuòyòng. Máo lǎoshī gàosu wǒ, zhè ge bìngrén niánjì bǐjiào dà le, jiédì zǔzhī lǎohuà, bìngzào yǐjīng bù néng wánquán kāngfù le, dànshì zhèngquè de zhìliáo kěyǐ kòngzhì bìngqíng. Máo lǎoshī hái ràng wǒ míngtiān cháfáng de shíhou gàosu bìngrén, yǐhòu yào shìdàng duànliàn, dàn bù néng guòdù láolèi, fángzhǐ guānjié mósǔn. Lìngwài hái yào ràng tā duō chī hán gài gāo de shíwù, tóngshí yào kòngzhì yǐnshí, jiǎnqīng tǐzhòng, jiǎnqīng guānjié de fùdān.

三、注　释

1. 可能是这两天天气比较潮湿的原因吧

"可能是……的原因吧",表示说话人的一种推测,如：

"可能是……的原因吧", a pattern used to express inference or conjecture on the part of the speaker. e.g.

(1) 他看起来很没精神,可能是这两天工作比较忙的原因吧。

(2) 他看起来没精打采的,可能是刚做完手术的原因吧。

2. 晨僵

指早晨起来的时候身体的某个部位有僵硬的感觉。

A condition, characterized by difficulty in moving a joint after getting up in the morning.

3. 骨质增生

指单位体积内骨量增多,某些部位骨密度增高的现象。常因慢性炎症、骨损伤修复期、慢性劳损等引起。骨质增生大多是局部性的,少数是全身性。

It refers to excessive or abnormal thickening or growth of bone tissue. It is often induced by chronic inflammation, strain of bones or during bone repair stages. It is mostly local not general.

4. 骨关节炎

又叫退行性关节炎、骨关节病、老年性关节炎,是一种慢性关节疾病。主要特征是关节软骨和骨质的退行性病变和骨质增生,多发生在膝、髋等关节。临

床表现有关节疼痛、活动受限制及关节摩擦感等。治疗方法包括适当休息、非激素类药物消炎镇痛、手术治疗等。

Osteoarthritis (OA), which is also known as osteoarthrosis or degenerative joint disease (DJD), is a progressive disorder of the joints caused by gradual loss of cartilage, and result in the development of bony spurs and cysts at the margins of the joints. In Chinese, they are also called "退行性关节炎", "骨关节病", "老年性关节炎". It occurs particularly in weight-bearing joints such as the knees and hips. Patients with OA may have joint pain on only one side of the body and it primarily affects the knees, hands, hips, feet, and spine. OA is one of the most common causes of disability due to limitations of joint movement, particularly in people over 50. Treatment of OA patients is tailored to the needs of each individual. Common treatments include proper rest, medication and surgical operation.

5. 关节炎

关节发炎的病。症状是关节红肿疼痛,有时体温增高,严重的能使关节变形或脱位。

Inflammation of a joint, usually accompanied by pain, swelling, and stiffness, and result from infection, trauma, degenerative changes, metabolic disturbances, or other causes. More severe cases can include deformation or dislocation of joints.

6. 结筛组织

人和高等动物体内具有支持、营养、保护和连接功能的组织,如骨、软骨、韧带等。

Tissue arising chiefly from the embryonic mesoderm that is characterized by a highly vascular matrix including collagenous, elastic, and reticular fibers, adipose tissue, cartilage, and bone. It forms the supporting and connecting structures of the body.

第八课　今天您觉得膝盖还疼吗？

四、练　习

1. 听与读

疼得很厉害	一吃药就好了	软骨
恢复得很好	一打针就哭了	软骨损伤
变得粗糙	一动就疼得厉害	保护关节软骨
变得光滑	一吃海鲜就拉肚子	
关节	骨关节炎	透明质酸
关节边缘	骨质增生	注射透明质酸
关节腔	结缔组织老化	
膝关节		布洛芬
关节软骨	膝盖僵硬	口服布洛芬
润滑关节	晨僵症状	
关节损伤		
关节间隙不对称		

2. 替换与扩展

(1) 可能是这两天天气比较潮湿的原因吧。

热
干燥
冷

(2) 我的膝盖感觉很僵硬，动一下儿就疼得很厉害。

手指
膝关节
小腿

(3) 你的伤口还疼吗？

眼睛
牙
脖子
肝区

(4) 这是晨僵的症状。

中风
重感冒
结缔组织老化
关节炎

3. 看汉字，写拼音

摩擦 _____　　膝盖 _____　　关节炎 _____

软骨 _____　　磨损 _____　　骨质增生 _____

润滑 _____　　粗糙 _____　　结缔组织 _____

间隙 _____　　僵硬 _____　　原因 _____

4. 看拼音，写汉字

guānjié _____　　cháoshī _____　　duìchèn _____

biànxíng _____　　lǎohuà _____　　fùdān _____

5. 两人一组完成下列对话并进行互相问答

(1) 医生：今天您觉得_____还疼吗？

病人：还是_____，一遇到这种天气就疼得厉害。

医生：可能是这两天_____，我帮您检查一下儿吧！

病人：谢谢，我总是不能用力，因为_____。

(2) 茅医生：莎娜，早上查房_____？

莎娜：21床膝关节炎的病人说_____。

茅医生：这是_____。

莎娜：哦，这是病人的X片，关节看起来_____。

6. 选择合适的词语填空（每个词语只能用一次）

(粗糙　润滑　布洛芬　摩擦　磨损　积液　膝盖　僵硬　骨质增生　骨关节炎)

(1) 你好，今天你的_____还疼吗？

(2) 这个病人可能得了_____，所以才会那么痛！

(3) 医生，我今天早晨起来觉得膝盖_____，您能帮我看看吗？

(4) 病人的膝部软骨损伤，关节变得_____。

(5) 给病人的关节内注入透明质酸，能起到_____关节的作用。

(6) 你都按时吃医生开的_____了吗？

(7) 关节腔内可能有_____。

(8) 从X光片上看，关节边缘的_____很明显。

(9) 过度劳累容易使关节_____。

(10) 你活动的时候，关节有没有_____音？

7. 根据问句回答问题

例：你今天好点儿了吗？

答：我好多了,谢谢！

(1) 病人的膝关节有摩擦音吗？

答：＿＿＿＿＿＿＿＿＿＿＿＿＿＿＿＿＿＿＿＿＿＿＿＿＿＿＿＿＿＿＿＿＿＿。

(2) 病人活动时为什么膝盖会有摩擦音？

答：＿＿＿＿＿＿＿＿＿＿＿＿＿＿＿＿＿＿＿＿＿＿＿＿＿＿＿＿＿＿＿＿＿＿。

(3) 为什么要给病人的膝关节内注射透明质酸？

答：＿＿＿＿＿＿＿＿＿＿＿＿＿＿＿＿＿＿＿＿＿＿＿＿＿＿＿＿＿＿＿＿＿＿。

8. 把下列词语按类别分成两组

医生　　膝盖　　关节　　护士　　软骨　　病人　　关节腔　　实习生

A组：＿＿＿＿＿、＿＿＿＿＿、＿＿＿＿＿、＿＿＿＿＿

B组：＿＿＿＿＿、＿＿＿＿＿、＿＿＿＿＿、＿＿＿＿＿

9. 根据课文内容判断正误

(　　)(1) 周女士的手指很僵硬,动一下儿就疼得很厉害。

(　　)(2) 莎娜认为周凤梅的关节腔内可能有积液。

(　　)(3) 周凤梅的膝关节活动时有很清晰的摩擦音。

(　　)(4) 周凤梅经常下床活动。

(　　)(5) 莎娜让周凤梅少吃含钙高的食物。

10. 参考下列词语看图对话

场景提示：实习生和病人的对话,病人的膝盖一遇到阴雨天就疼,特别是早上起来的时候更严重。实习生给病人进行检查。

(膝盖　潮湿　摩擦　僵硬　晨僵　关节炎　关节腔　积液)

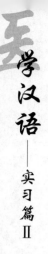

附录:(常用专业词语)

化脓性关节炎	huànóngxìng guānjiéyán	suppurative arthritis
风湿性关节炎	fēngshīxìng guānjiéyán	rheumatoid arthritis
外伤性关节炎	wàishāngxìng guānjiéyán	traumatic arthritis
骨性关节炎	gǔxìng guānjiéyán	osteoarthritis
关节肿胀	guānjié zhǒngzhàng	joint swelling
肌肉萎缩	jīròu wěisuō	muscle atrophy

第九课　　还是做输尿管切开取石术比较好

一、生词语

1. 输尿管	shūniàoguǎn	（名）	ureter	
2. 泌尿	mìniào	（名）	urology	
3. 血尿	xuèniào	（名）	hematuria	
4. 烫	tàng	（形）	hot	
5. 中性粒细胞	zhōngxìng lìxìbāo		neutrophilic granulocyte	
6. X线	X-xiàn	（名）	X-ray	
7. 梗阻	gěngzǔ	（动）	to block (Medicine Interruption, especially obstruction, of a normal physiological function)	
8. 导致	dǎozhì	（动）	lead to	
9. 体外冲击波碎石	tǐwài chōngjībō suìshí		extracorporeal shock wave lithotripsy, ESWL	
10. 泌尿道	mìniàodào	（名）	urinary tract	
11. 平片	píngpiàn	（名）	plain film	
12. 定位	dìngwèi	（动）	to orientate	
13. 形成	xíngchéng	（动）	to form; take shape	
14. 间隔	jiàngé	（名）	spacing	
15. 草酸	cǎosuān	（名）	oxalic acid	
16. 菠菜	bōcài	（名）	spinach	
17. 阿司匹林	āsīpǐlín	（名）	aspirin	
18. 抑酸药	yìsuānyào	（名）	antacid agents	

二、课文

```
zhǐdǎo yīshēng — Hé Guóqiáng
指导  医生——何  国强
shíxíshēng— Báiruìdì
实习生——白瑞蒂
mìniào wàikē yī chuáng bìngrén — Qián Qiān (nán, sānshíbā suì)
泌尿 外科1 床  病人——钱  谦（男， 38 岁）
bìngrén jiāshǔ — Méizi (Qián Qiān de qīzi)
病人  家属——梅子（钱  谦 的 妻子）
```

1. 会话

梅　子：你还是有血尿啊！

钱　谦：嗯,腰和肚子还是很疼。

梅　子：怎么办？已经住院4天了，每天都按时吃医生开的中药,还是没效果啊。

钱　谦：我现在很难受,你去叫医生来一下儿吧。

梅　子：何医生、白医生,我丈夫现在很不舒服,你们来看看他好吗？

何国强、白瑞蒂：好。

何国强：钱先生,您哪儿不舒服？

钱　谦：我的腰和肚子很疼,身上出冷汗,还觉得恶心,想吐。

白瑞蒂：您的额头很烫啊,可能是发烧了,量量体温吧。

何国强：白瑞蒂,你再给他量量血压,测测脉搏。

白瑞蒂：好。

梅　　子：医生,他吃了几天中药怎么还没效果啊?
何国强：别着急。等他的各种检查有结果后,我们才能决定下一步的治疗方案。

Méizi:　　　　　Nǐ háishi yǒu xuèniào a!
Qián Qiān:　　 Ǹg, yāo hé dùzi háishi hěn téng.
Méizi:　　　　　Zěnme bàn? Yǐjīng zhùyuàn sì tiān le, měi tiān dōu ànshí chī yīshēng kāi de zhōngyào, háishi méi xiàoguǒ a.
Qián Qiān:　　 Wǒ xiànzài hěn nánshòu, nǐ qù jiào yīshēng lái yíxiàr ba.
Méizi:　　　　　Hé yīshēng, Bái yīshēng, wǒ zhàngfu xiànzài hěn bù shūfu, nǐmen lái kànkan tā hǎo ma?
Hé Guóqiáng, Báiruìdì: Hǎo.
Hé Guóqiáng: Qián xiānsheng, nín nǎr bù shūfu?
Qián Qiān:　　 Wǒ de yāo hé dùzi hěn téng, shēnshang chū lěnghàn, hái juéde ěxin, xiǎng tù.
Báiruìdì:　　　 Nín de é'tóu hěn tàng a, kěnéng shì fāshāo le, liángliang tǐwēn ba.
Hé Guóqiáng: Báiruìdì, nǐ zài gěi tā liángliang xuèyā, cèce màibó.
Báiruìdì:　　　 Hǎo.
Méizi:　　　　　Yīshēng, tā chīle jǐ tiān zhōngyào zěnme hái méi xiàoguǒ a?
Hé Guóqiáng: Bié zháojí. Děng tā de gè zhǒng jiǎnchá yǒu jiéguǒ hòu, wǒmen cái néng juédìng xiàyíbù de zhìliáo fāng'àn.

2. 会话

何国强：白瑞蒂,1床的检查结果出来没有?
白瑞蒂：出来了。您看看,尿常规见红细胞,还有较多的脓细胞。尿的pH值是酸性的。
何国强：嗯,血常规中白细胞数和**中性粒细胞**数升高。
白瑞蒂：这个是**X线**检查结果。
何国强：你看,结石在输尿管里,直径大约1.7厘米。
白瑞蒂：何老师,这是不是因为结石较大引起尿路**梗阻**?
何国强：对。从尿和血的检查结果来看,梗阻已经**导致**了感染。

白瑞蒂：前几天我们用了中药治疗，效果不明显，现在要不要用**体外冲击波碎石**？

何国强：他的结石比较大，还是做输尿管切开取石术比较好。

白瑞蒂：手术前要做哪些准备呢？

何国强：要拍个**泌尿道平片**做结石的最后**定位**。

Hé Guóqiáng: Báiruìdì, yī chuáng de jiǎnchá jiéguǒ chūlai méiyǒu?

Báiruìdì: Chūlai le. Nín kànkan, niàochángguī jiàn hóngxìbāo, hái yǒu jiào duō de nóngxìbāo. Niào de pH zhí shì suānxìng de.

Hé Guóqiáng: Ǹg, xuèchángguī zhōng báixìbāo shù hé zhōngxìng lìxìbāo shù shēnggāo.

Báiruìdì: Zhè ge shì X-xiàn jiǎnchá jiéguǒ.

Hé Guóqiáng: Nǐ kàn, jiéshí zài shūniàoguǎn li, zhíjìng dàyuē yīdiǎnqī límǐ.

Báiruìdì: Hé lǎoshī, zhè shì bu shì yīnwèi jiéshí jiào dà yǐnqǐ niàolù gěngzǔ?

Hé Guóqiáng: Duì. Cóng niào hé xuè de jiǎnchá jiéguǒ láikàn, gěngzǔ yǐjīng dǎozhìle gǎnrǎn.

Báiruìdì: Qián jǐ tiān wǒmen yòngle zhōngyào zhìliáo, xiàoguǒ bù míngxiǎn, xiànzài yào bu yào yòng tǐwài chōngjībō suìshí?

Hé Guóqiáng: Tā de jiéshí bǐjiào dà, háishi zuò shūniàoguǎn qiēkāi qǔshíshù bǐjiào hǎo.

Báiruìdì: Shǒushù qián yào zuò nǎ xiē zhǔnbèi ne?

Hé Guóqiáng: Yào pāi ge mìniàodào píngpiàn zuò jiéshí de zuìhòu dìngwèi.

3. 成段表达 (白瑞蒂对病人和家属说)

钱先生、钱太太，这次手术非常成功，钱先生的结石已经顺利取出来了，而且钱先生的身体也恢复得很快，何医生说明天就可以出院了。为了防止再次**形成**结石，出院以后钱先生一定要注意饮食：要多喝水，每天的饮水量应该在2500毫升以上，但喝水**间隔**要均匀，不要在短时间喝很多水，然后又很长时间不喝水。晚上也要适当喝些水。还要少吃鱼、肉、动物内脏、海产品，少喝咖啡等，含**草酸**高的食物也要少吃少喝，比如**菠菜**、可可、红茶、巧克力、土豆和西红柿等。尽量不服或少服跟结石形成有关的药物，比如维生素C、**阿司匹林**和用来治疗溃疡病的**抑酸药**等。看别的病时要跟医生说清楚有过结石病史。

Qián xiānsheng, Qián tàitai, zhè cì shǒushù fēicháng chénggōng, Qián xiānsheng de jiéshí yǐjīng shùnlì qǔ chulai le, érqiě Qián xiānsheng de shēntǐ yě huīfù de hěn kuài, Hé yīshēng shuō míngtiān jiù kěyǐ chūyuàn le. Wèile fángzhǐ zàicì xíngchéng jiéshí, chūyuàn yǐhòu Qián xiānsheng yídìng yào zhùyì yǐnshí: yào duō hēshuǐ, měi tiān de yǐnshuǐliàng yīnggāi zài liǎngqiān wǔbǎi háoshēng yǐshàng, dàn hēshuǐ jiàngé yào jūnyún, bú yào zài duǎn shíjiān hē hěn duō shuǐ, ránhòu yòu hěn cháng shíjiān bù hēshuǐ. Wǎnshang yě yào shìdàng hē xiē shuǐ. Háiyào shǎo chī yú, ròu, dòngwù nèizàng, hǎichǎnpǐn, shǎo hē kāfēi děng, hán cǎosuān gāo de shíwù yě yào shǎo chī shǎo hē, bǐrú bōcài, kěkě, hóngchá, qiǎokèlì, tǔdòu hé xīhóngshì děng. Jǐnliàng bù fú huò shǎo fú gēn jiéshí xíngchéng yǒuguān de yàowù, bǐrú wéishēngsù C, āsīpǐlín hé yònglái zhìliáo kuìyángbìng de yìsuānyào děng. Kàn biéde bìng shí yào gēn yīshēng shuō qīngchu yǒuguo jiéshí bìngshǐ.

三、注 释

1. 血尿

尿液中含有红细胞称为血尿。尿液含大量红细胞,尿液呈红色、血样或有血凝块者,称为肉眼血尿;尿色正常,在显微镜下才能看到红细胞者,称为镜下血尿。体内的炎症、结石、肿瘤等都会引起血尿。

The urine containing red blood cells is called hematuria. When the urine contains a large amount of red blood cells, it appears to be red, or looks like blood, or contains blood clots, this is called gross hematuria. If the urine looks normal, but red blood cells can be seen under the microscope, it is known as the microscopic hematuria. Hematuria is caused by inflammation, stones, tumors and so on.

2. 中药(治疗结石)

中药治疗结石是非手术治疗的一种手段,通过服用中药可以扩管利尿,促进石头下排,有一定的效果。但如果结石较大,排出就很困难。结石直径大于1.5厘米时,一般需要手术治疗。

Traditional Chinese medicine is a way of non-surgical treatment of stones, the medicine has the effect of extending the tube and diuresis, thus boosts the excretion of the stones. It is effective to some extent. But if the stones are large, it

will be very difficult to be excreted. It generally needs surgery if the stones are larger than 1.5 cm in diameter.

3. 中性粒细胞

粒白细胞的一种。因粒细胞胞质中含有不同的蛋白质颗粒,粒细胞可进一步分为中性粒细胞、嗜酸性粒细胞和嗜碱性粒细胞三类。

It is one type of granulocyte. Because of the different protein containing in granulocyte cytoplasm, granulocyte can be further divided into three types as neutrophil, eosinophil and basophil.

4. 体外冲击波碎石

冲击波就是超越音速传导的压力波。体外冲击波碎石是治疗结石的一种方法。这种方法利用特殊设备产生冲击波,从体外将体内的结石击碎成泥砂状,使其能随尿液排出体外,从而达到治疗目的。

ESWL (Extracorporeal Shock Wav Lithotripsy) is a pressure wave of the speed beyond sound conduction. ESWL is a method of treating stones. The shock wave is generated by special equipment to smash the stones into the silt-like stone, and then to be excreted, achieving the therapeutic purposes.

5. 输尿管切开取石术

通过手术治疗结石的方法。一般是在应用中西医结合治疗效果不明显,而且结石比较大的情况下采用。术前要做X线结石定位。

It is a treatment of stones by the surgical method. When there is no significant effect of combining traditional Chinese and western treatment, and the stones are relatively big, this method will usually be applied. X-ray has tp be used for the stone positioning before operation.

6. 平片

即X线片的一种,也常称做"X线平片"。90%以上的结石可由X线平片显示,所以平片是检查结石的首选方法。

That is one kind of X-ray, often known as "X线平片". More than 90 percent of the stones can be seen by the X-ray film, so it is the first choice of finding stones.

7. 多喝水

水能稀释尿液,增加尿量,降低尿液中形成结石物质的浓度,减少晶体沉积。所以患有结石的病人应多喝水。

Water can dilute the urine, increase the urine quantity, and reduce the material concentration of stone formation and the crystal deposition. Therefore, patients with stones should drink more water.

8. 草酸

分子式 $H_2C_2O_4$。草酸在人体内与钙结合生成草酸钙,草酸钙是尿道结石形成的主要因素。

Its molecular formula is $H_2C_2O_4$. Oxalic acid in the human body combined with calcium-binding, calcium oxalate is then generated, which is the main factor to form the urethral stone.

四、练 习

1. 听与读

出冷汗	X线检查结果	中药	中性粒细胞
冒冷汗	X光检查结果	西药	白细胞
			红细胞
血尿	输尿管	泌尿道	淋巴细胞
血糖	血管	消化道	非淋巴细胞
血肿	支气管	呼吸道	
血压			阿司匹林
血清	平片	草酸	氨苄西林
血红蛋白	X光片	抑酸药	普伐他汀钠
血小板	涂片	代谢性酸中毒	
	片状		
饮水量			
定量	积血		
剂量	出血		
含量	潜血		

2. 替换与扩展

(1) 他的<u>额头很烫</u>,可能是<u>发烧了</u>。

> 眼球明显突出
> 膝盖有点儿肿
> 右耳突然流血、流脓
> 右侧腹股沟有肿块

> 甲亢
> 关节腔内有积液
> 化脓性中耳炎
> 疝气

(2) <u>尿常规</u>见<u>红细胞</u>,还有<u>较</u>多的<u>脓细胞</u>。

> X 光片
> CT 检查
> 腹部触诊
> 叩诊

> 骨端变形
> 胰腺肿大
> 腹胀
> 麦氏点有压痛

> 骨质增生
> 胰外浸润
> 明显的反跳痛
> 腹膜刺激征象

(3) 还是<u>做输尿管切开取石术</u>比较好。

> 做体外冲击波碎石
> 用石膏固定
> 进行脑脓肿切除术
> 切除阑尾

(4) 为了防止<u>再次形成结石</u>,你一定要<u>注意饮食</u>。

> 关节磨损
> 病情继续恶化
> 血糖升高
> 心绞痛发作

> 减轻关节的负担
> 尽快进行手术
> 控制好饮食
> 保持稳定的情绪

3. 看汉字,写拼音

梗阻 _____ 阿司匹林 _____ 间隔 _____

抑酸药 _____ 输尿管 _____ 草酸 _____

4. 看拼音,写汉字

xíngchéng _____ dǎozhì _____ dìngwèi _____

píngpiàn _____ xuèniào _____ mìniào _____

5. 两人一组完成下列对话并进行互相问答

何国强：白瑞蒂，1床的检查结果_____没有？

白瑞蒂：出来了。您看看，尿常规见_____，还有较多的_____。尿的pH值是酸性的。

何国强：嗯，血常规中_____和_____数升高。

白瑞蒂：这个是X线检查结果。

何国强：你看，结石在_____里，直径大约1.7厘米。

白瑞蒂：何老师，这是不是因为结石较大引起_____？

何国强：对。从尿和血的检查结果看，梗阻已经导致了_____。

6. 两人一组，根据应答句写出合适的问句后进行互相问答

(1) 医生：_____？
    病人：我的腰和肚子很疼，身上出冷汗，还觉得恶心，想吐。

(2) 实习生：_____？
    医生：患者的结石比较大，还是做输尿管切开取石术比较好。

(3) 实习生：_____？
    医生：手术前要拍个泌尿道平片做结石的最后定位。

(4) 实习生A：_____？
    实习生B：结石在输尿管里，直径大约1.7厘米。

7. 选择合适的词语填空（每个词语只能用一次）

(导致　烫　间隔　梗阻　形成　血尿　X线　输尿管　草酸　定位)

(1) 你的额头很_____，可能是发烧了。

(2) 如果患者的结石比较大，就要做_____切开取石术。

(3) 输尿管里的结石太大会引起尿路_____。

(4) 菠菜、可可、红茶、巧克力、土豆和西红柿等都是含_____高的食物。

(5) 手术前要先拍个泌尿道平片做结石的最后_____。

(6) 喝水_____要均匀，不要长时间不喝水，等到感觉渴了就喝很多水。

(7) 患过结石的人要少吃含草酸高的食物，这类食物吃多了容易导致再次_____结石。

(8) 尿路梗阻会_____尿路感染。

(9) 医生，我的小便怎么是红色的？这是不是_____啊？

(10) _____的检查结果显示，输尿管里有结石。

8. 根据课文内容判断正误

  (   )(1) 钱谦的腰和腿很疼。
  (   )(2) 钱谦的结石比较大。
  (   )(3) 出院以后，钱谦每日的饮水量应该在2500毫升以上。
  (   )(4) 出院以后，钱谦要多吃肉和鱼。
  (   )(5) 钱谦应该多吃含维生素C的食物。

9. 参考使用下列词语看图对话

  场景提示：实习生跟病人家属的对话
    图1：实习生把病人的检查情况、医生的诊断结果和治疗方案等告诉
        病人家属，并回答病人家属的问题。
    图2：病人家属问实习生患者在饮食方面要注意什么，实习生回答病
        人家属的问题。

  (输尿管 结石 尿路梗阻 导致 体外冲击波碎石 输尿管切开取石术 草酸
   饮水量 阿司匹林 抑酸药)

附录：常用专业词语

肾结石	shènjiéshí	renal calculus
胆结石	dǎnjiéshí	biliary calculus
膀胱结石	pángguāng jiéshí	vesical calculus
输尿管结石	shūniàoguǎn jiéshí	ureteral calculus
包皮石	bāopíshí	preputial calculus
胃石	wèishí	gastric calculus
牙石	yáshí	dental calculus
尿石症	niàoshízhèng	urolithiasis

第十课　你得了青春期慢性前列腺炎

一、生词语

1. 青春期	qīngchūnqī	（名）	puberty
2. 前列腺炎	qiánlièxiànyán	（名）	prostatitis
3. 尿道	niàodào	（名）	urethra
4. 灼热	zhuórè	（形）	burning
5. ~感	~gǎn	（后缀）	-the feeling
6. 直肠	zhícháng	（名）	rectum
7. 指诊	zhǐzhěn	（名）	finger touching
8. 触	chù	（动）	to touch
9. 精囊	jīngnáng	（名）	seminal vesicle
10. 张力	zhānglì	（名）	tension
11. 前列腺液	qiánlièxiànyè	（名）	prostatic fluid
12. 卵磷脂小体	luǎnlínzhī xiǎotǐ		lecithin body
13. 支原体	zhīyuántǐ	（名）	mycoplasma
14. 细菌	xìjūn	（名）	germs; bacteria
15. 物理治疗 (理疗)	wùlǐ zhìliáo (lǐliáo)		physical therapy; physiotherapy
16. 温水	wēnshuǐ	（名）	warm water
17. 坐浴	zuòyù	（动）	sitz bath
18. 肛门	gāngmén	（名）	anus
19. 会阴部	huìyīnbù	（名）	perineum
20. 免疫力	miǎnyìlì	（名）	immunity
21. 憋尿	biē niào		hold back urine

二、课　文

zhǐdǎo yīshēng — Zhōu Lè
指导　医生——周　乐

shíxíshēng— Ābǔdùlā
实习生——阿卜杜拉

mìniào wàikē liù chuáng bìngrén — Cáo Lěi (nán, shíliù suì)
泌尿　外科 6　床　病人——曹　磊（男，16 岁）

1. 会话（早上，阿卜杜拉在病房查房）

阿卜杜拉：曹磊，你好！今天觉得好点儿了吗？还是尿频吗？

曹　　磊：对，觉得很不舒服。

阿卜杜拉：怎么个不舒服法？是不是排尿的时候有点儿疼？

曹　　磊：对，有一点儿疼。

阿卜杜拉：是什么样的疼？**尿道有没有很明显的灼热感**？

曹　　磊：每次排尿的时候都有。

阿卜杜拉：膀胱是不是一直觉得胀痛呢？

曹　　磊：是！感觉非常难受。

阿卜杜拉：你排尿的时候有没有血尿？

曹　　磊：有一些。医生，我的病会不会很严重？

阿卜杜拉：现在还不能确定。这种情况有多久了？

曹　　磊：大概有一两个月了。最近越来越严重，我非常担心。

阿卜杜拉：别担心，我先给你做一次检查，等结果出来了再说，好吗？

曹　　磊：好。谢谢您！

Ābǔdùlā: Cáo Lěi, nǐ hǎo! Jīntiān juéde hǎo diǎnr le ma? Háishi niàopín ma?

Cáo Lěi: Duì, juéde hěn bù shūfu.

Ābǔdùlā: Zěnme ge bù shūfu fǎ? Shì bu shì páiniào de shíhou yǒu diǎnr téng?

Cáo Lěi: Duì, yǒu yìdiǎnr téng.

Ābǔdùlā: Shì shénmeyàng de téng? Niàodào yǒu méiyǒu hěn míngxiǎn de zhuórègǎn?

Cáo Lěi: Měi cì páiniào de shíhou dōu yǒu.

Ābǔdùlā: Pángguāng shì bu shì yìzhí juéde zhàngtòng ne?

Cáo Lěi: Shì! Gǎnjué fēicháng nánshòu.

Ābǔdùlā: Nǐ páiniào de shíhou yǒu méiyǒu xuèniào?

Cáo Lěi: Yǒu yìxiē. Yīshēng, wǒ de bìng huì bu huì hěn yánzhòng?

Ābǔdùlā: Xiànzài hái bù néng quèdìng. Zhè zhǒng qíngkuàng yǒu duōjiǔ le?

Cáo Lěi: Dàgài yǒu yì-liǎng ge yuè le. Zuìjìn yuèláiyuè yánzhòng, wǒ fēicháng dānxīn.

Ābǔdùlā: Bié dānxīn, wǒ xiān gěi nǐ zuò yí cì jiǎnchá, děng jiéguǒ chūlai le zàishuō, hǎo ma?

Cáo Lěi: Hǎo. Xièxie nín!

2. 会话 (在办公室)

阿卜杜拉：周老师，我觉得6床可能得了慢性前列腺炎，可是他才16岁，也会得这种病吗？

周　乐：这虽然是成年男性的常见病，但是青少年也有得这种病的可能。

阿卜杜拉：哦，我想起来了，这个叫青春期慢性前列腺炎。

周　乐：对。你看了检查记录没有？

阿卜杜拉：看了。**直肠指诊**时能触到肿大的前列腺和**精囊**，前列腺表面光滑、**张力大**，有明显压痛感。

周　乐：**前列腺液**的检查结果怎么样？

阿卜杜拉：**卵磷脂小体** 45%，白细胞++，**支原体**+。

周　乐：嗯，你说得没错，可以确诊了。

阿卜杜拉：病人现在很难受，我们应该做什么？

周　乐：青少年患者一般没有**细菌**感染，暂时不用抗生素，先用

中药治疗。如果情况没有好转，再考虑用抗生素和做**物理治疗**。

Ābǔdùlā: Zhōu lǎoshī, wǒ juéde liù chuáng kěnéng déle mànxìng qiánlièxiànyán, kěshì tā cái shíliù suì, yě huì dé zhè zhǒng bìng ma?

Zhōu Lè: Zhè suīrán shì chéngnián nánxìng de chángjiànbìng, dànshì qīng-shàonián yě yǒu dé zhè zhǒng bìng de kěnéng.

Ābǔdùlā: Ò, wǒ xiǎng qilai le, zhè ge jiào qīngchūnqī mànxìng qiánlièxiànyán.

Zhōu Lè: Duì. Nǐ kànle jiǎnchá jìlù méiyǒu?

Ābǔdùlā: Kàn le. Zhícháng zhǐzhěn shí néng chùdào zhǒngdà de qiánlièxiàn hé jīngnáng, qiánlièxiàn biǎomiàn guānghuá, zhānglì dà, yǒu míngxiǎn yātònggǎn.

Zhōu Lè: Qiánlièxiànyè de jiǎnchá jiéguǒ zěnmeyàng?

Ābǔdùlā: Luǎnlínzhī xiǎotǐ bǎifēnzhī sìshíwǔ, báixìbāo liǎng ge jiā, zhīyuántǐ yí ge jiā.

Zhōu Lè: Ǹg, nǐ shuōde méicuò, kěyǐ quèzhěn le.

Ābǔdùlā: Bìngrén xiànzài hěn nánshòu, wǒmen yīnggāi zuò shénme?

Zhōu Lè: Qīng-shàonián huànzhě yìbān méiyǒu xìjūn gǎnrǎn, zànshí bú yòng kàngshēngsù, xiān yòng zhōngyào zhìliáo. Rúguǒ qíngkuàng méiyǒu hǎozhuǎn, zài kǎolǜ yòng kàngshēngsù hé zuò wùlǐ zhìliáo.

3. 成段表达（阿卜杜拉对曹磊说）

小伙子，根据你的症状和检查结果，我们确诊你得了青春期慢性前列腺炎。别担心，你的病不难治，只要好好儿配合，就会逐渐康复，不需要做手术的。现在先给你用中药治疗，一般情况下，用药后就会控制住病情。如果病情没有好转，再用抗生素和做理疗。这段时间，你要坚持每天**温水坐浴**10~20分钟，同时用手指在水中按压**肛门**和肛门周围的**会阴部**。根据你现在的情况，如果病情稳定，过两天就可以出院了。不过，回家后要注意锻炼身体，增强身体的**免疫力**。日常生活中，要少骑自行车，减少对前列腺的摩擦。也不要**憋尿**，因为这样容易导致排尿无力，前列腺炎会复发。祝你早日康复！

Xiǎohuǒzi, gēnjù nǐ de zhèngzhuàng hé jiǎnchá jiéguǒ, wǒmen quèzhěn nǐ déle qīngchūnqī mànxìng qiánlièxiànyán. Bié dānxīn, nǐ de bìng bù nán zhì, zhǐyào hǎohāor pèihé, jiù huì zhújiàn kāngfù, bù xūyào zuò shǒushù de. Xiànzài xiān gěi nǐ yòng zhōngyào zhìliáo, yìbān qíngkuàng xià, yòngyào hòu jiù huì kòngzhì zhù bìngqíng. Rúguǒ bìngqíng méiyǒu hǎozhuǎn, zài yòng kàngshēngsù hé zuò lǐliáo. Zhè duàn shíjiān, nǐ yào jiānchí měi tiān wēnshuǐ zuòyù shí zhì èrshí fēnzhōng, tóngshí yòng shǒuzhǐ zài shuǐzhōng ànyā gāngmén hé gāngmén zhōuwéi de huìyīnbù. Gēnjù nǐ xiànzài de qíngkuàng, rúguǒ bìngqíng wěndìng, guò liǎng tiān jiù kěyǐ chūyuàn le. Búguò, huíjiā hòu yào zhùyì duànliàn shēntǐ, zēngqiáng shēntǐ de miǎnyìlì. Rìcháng shēnghuó zhōng, yào shǎo qí zìxíngchē, jiǎnshǎo duì qiánlièxiàn de mócā. Yě bú yào biēniào, yīnwèi zhèyàng róngyì dǎozhì páiniào wúlì, qiánlièxiànyán huì fùfā. Zhù nǐ zǎorì kāngfù!

三、注　释

1. 怎么个 + adj. + 法

固定格式，用来询问形容词所表示的具体情况。如：

The structure of "怎么个 + adj. + 法" can be used to ask about a specific situation. e.g.

（1）怎么个不舒服法？（询问不舒服的具体情况）

（2）你说这位医生很好，他怎么个好法？（询问这位医生具体哪些方面好）

也可以在格式前面加"是"，构成"是怎么个 + adj. + 法"格式，意义和用法与不加"是"相同。如：

"是" can be added before this structure as "是怎么个 + adj. + 法". Both share the same meaning and function. e.g.

（3）他是怎么个骄傲法？（询问他骄傲的具体表现）

2. - 感（灼热感、胀痛感）

少数名词、形容词后面加后缀"感"，可构成一个新名词，表示有某种感觉。如：实性感、灼热感、胀痛感、语感、责任感、紧迫感、亲切感、安全感、好感等。

The suffix "感" can be used after a few nouns and adjectives to form new nouns, indicating having some kind of feeling. For example: feeling solid mass, burning feeling, feeling bloated and pain, language sense, sense of responsibility, sense of urgency, warm feelings, sense of security, good feeling and so on.

3. 青春期慢性前列腺炎

前列腺炎是病原体侵入前列腺引起的炎症,多见于青壮年。可分急性和慢性两种:慢性前列腺炎大多由细菌感染引起。急性前列腺炎是细菌、病毒及其他病原体或其毒素所致,可自行缓解、治愈或转为慢性。

Prostatitis, a common condition among young and middle-aged males, is an inflammation of the prostate gland, caused by pathogenic bacteria. There are two types: acute and chronic. Chronic prostatitis is mostly caused by bacterial infection, acute prostatitis is due to bacteria, viruses and other pathogens or toxins, and may improve, cured, or turn to be chronic by itself.

青春期慢性前列腺炎一般发生在14~18岁,患病原因主要有学习紧张导致精神压力过大、参加剧烈运动特别是骑车运动、长时间保持坐姿、憋尿等,症状主要是尿频、尿急、尿痛、尿不尽。

Puberty chronic prostatitis generally occurs in 14–18 year olds, mainly caused by pressure from hard study, strenuous activity such as cycling, prolonged sitting posture, holding back urine and so on. The main symptoms of prostatitis include frequent and urgent urinary, painful and dribbling urination.

4. 指诊

医学检查的一种方法,医生通过手指触摸病人的身体,以发现其不正常的地方,用以辅助确诊一些疾病。如直肠指诊、肛门指诊等。

A medical examination method used by doctors to touch the patient's body with fingers to find out where the problem lies. It can help to confirm the diagnosis of some diseases. Finger touching includes rectal finger touching, anus finger touching, etc.

5. 前列腺液

前列腺液是前列腺的分泌物,是精液的重要组成部分,约占精液的30%,有营养精子、帮助精子输送的功能。正常情况下前列腺液较为稀薄,无色或淡乳白色,有蛋白光泽,呈弱酸性,pH值在6~7左右。当前列腺发生病变后,前列腺液也会随之发生相应的变化。因此,检查前列腺液是确诊前列腺炎的重要依据。前列腺液化验包括前列腺液的外观、酸碱度(pH值)和显微镜检查等。

Prostatic fluid is a secretion of the prostate gland, which is an important component (about 30%) of semen. It can nourish and help transport sperm cells. Under normal circumstances the prostatic fluid is thin, colorless or milky white, with an egg-white surface, presenting weak acid, the pH value is about 6-7. When the prostate has the pathological change, the prostatic fluid will change correspondingly. Therefore, the examination of prostatic fluid is an important indicator in the diagnosis of prostatitis. Prostatic fluid tests include observing the appearance of the prostate, the pH value and microscopic inspection.

6. 卵磷脂小体（~小体）

"~小体"是医学上对一些个体比较细小的物质的称呼。如卵磷脂小体、核小体、磷脂小体、肾小体、球状小体、环层小体、嗜酸性小体等。

"-Body" in the medical field is the name for relatively small-sized substances, such as lecithin body, nucleosome, phospholipase body, renal corpuscle, spherosome, ring-shaped body and acidophilic body.

卵磷脂又叫蛋黄素，是青壮年男性前列腺液中的正常成分。在前列腺正常的情况下，前列腺液中有丰富的卵磷脂小体。卵磷脂小体既可作为诊断慢性前列腺炎的参考指标，又可作为判断性功能状态的客观指标。

Lecithin is also called vitellin, a normal ingredient of the prostatic fluid of young and middle-aged men. In the normal circumstances of the prostate, prostatic fluid is rich in lecithin body. Lecithin can be seen as a reference criterion for chronic prostatitis diagnosis, and an objective indicator of sexuality.

7. 支原体

支原体是与细菌和真菌不同的另一类微小病原体，是已知的可以自由生活的最小生物，也是最小的原核细胞。它比病毒大、比细菌小，没有细胞壁，细胞柔软，形态多变，具有高度多形性。支原体广泛存在于土壤、污水、昆虫、脊椎动物及人体内，是动植物和人类的病原菌之一。支原体有80多种，如肺炎支原体（MP）、生殖支原体（MG）等。

Mycoplasma is a tiny pathogen that is different from bacteria and fungus. It is known as the smallest free-living organism and prokaryotic cell as well. It is bigger than virus, smaller than bacteria, with no cell wall. Its cell is soft, changeable in size, and with a high degree of polymorphism. Mycoplasma is widely spread in soil, sewage, insects, vertebrates and the human body. It is one of the pathogens in animals, plants and human beings. There are over 80 types of mycoplasma, such as mycoplasms pneumoniae (MP), mycoplasma genitalium (MG) and so on.

8. 物理治疗

治疗疾病的一种方法,即不用药物,而是用物理的方法针对病变部位来进行治疗。主要有超声波治疗、磁疗、电疗、热疗、冷疗、水疗等。简称理疗。

A treatment that does not use drugs, but use physical agents or methods, mainly including ultrasound treatment, magnetic therapy, electrotherapy, heat, cold therapy, hydrotherapy and so on. Its shortened form is "理疗".

9. 一般情况下

这个短语用来说明通常的情况。常用在说明情况的句子前面,与这个句子之间有停顿。如:

The phrase "一般情况下" means under ordinary circumstances. It is usually put in front of the sentence for explaining the situation, and a pause is commonly used between the phrase and the sentence. e.g.

(1) 现在先给你用中药治疗,～,用药后就会控制住病情。

(2) ～,做完这种手术不需要住院。

方位词"下"常可附在名词短语或带有定语的双音节动词后面表示条件,构成"在……下"短语,"在"有时可以省略。如:

The locality word "下" can often be attached to a noun phrase or followed by a disyllable verb expressing the condition. The phrase "……下" or "在……下" can be formed, "在" can be omitted sometimes. e.g.

(3) (在)这么冷的情况下要注意保暖。

(4) 在老师的帮助下,他取得了很大的进步。

10. 坐浴

坐浴疗法实际上也是物理疗法的一种,它不需要任何医疗设备,患者自己在家中就可以进行。一般做法是:将40℃左右的水(手放入不感到烫)倒入盆内,患者坐进盆内泡10～20分钟。水温降低时可添加适量的热水,使水保持有效的温度。每天1～2次,10天为一疗程。热水中可根据医生的吩咐放进一些中药。

Sitz bath is one of the types of physical therapy. It does not need any medical equipment; patients can do it at home. The general practice is: putting 40℃ water into the basin, the patient sits into the basin for 10-20 minutes. When the water turns cold, one can add some hot water to maintain the required temperature. The treatment is administered 1 to 2 times per day, 10 days for a section. Patients could add some Chinese herbal medicine to the hot water according to the doctor's instruction.

11. 免疫力

　　免疫力是人体自身的防御机制，是人体识别和消灭外来侵入的任何异物（病毒、细菌等），处理衰老、损伤、死亡、变性的自身细胞以及识别和处理体内突变细胞和病毒感染细胞的能力。免疫力按其获得方式的不同可分为先天性免疫和获得性免疫：前者是人一生下来就有的，后者是人出生后在生活过程中自然获得或者用人工辅助的方法被动得到的。

　　Immunity is the defense mechanism of the human body. It is capable of recognizing and eliminating any foreign objects such as virus and bacteria invade the human body, dealing with degeneration, injury, death and mutation in cells, and identifying and dealing with the muted and virus-infected cells. Immunity falls into two types in terms of acquisition: inborn and acquired. The latter is gained either by natural acquisition after birth or by human-assisted methods.

四、练　习

1. 听与读

尿道	膀胱	指诊	灼热感	前列腺炎
尿频	直肠	视诊	压痛感	肾小球肾炎
血尿	前列腺	叩诊	胀痛感	阑尾炎
泌尿	肛门	听诊	实性感	胰腺炎
排尿	会阴部	触诊		脑炎
憋尿	精囊	确诊	物理治疗	中耳炎
输尿管		误诊	理疗	骨关节炎
泌尿道	支原体		化学治疗	肺炎
	卵磷脂小体		化疗	肠胃炎
细菌			手术治疗	
病毒			非手术治疗	
			中药治疗	

2. 替换与扩展

(1) 怎么个不舒服法？

| 粗糙 |
| 对称 |
| 僵硬 |
| 潮湿 |

(2) 尿道有没有很明显的灼热感？

胆囊		实性
膀胱		胀痛
前列腺		压痛
身体		疲倦

(3) 直肠指诊时能触到肿大的前列腺和精囊。

胆囊触诊	感觉到胆囊肿大
肺部听诊	听到哮鸣音
视诊	看到皮肤有紫纹
腹部叩诊	感到麦氏点有压痛

(4) 一般情况下，用药后就会控制住病情。

手术后一周		康复
精神长时间紧张		引起癫痫病复发
糖尿病患者不及时补充碳水化合物		有低血糖反应
冠心病人情绪过分激动		胸口疼

3. 看汉字，写拼音

直肠 _____   精囊 _____   支原体 _____

憋尿 _____   灼热 _____   卵磷脂小体 _____

4. 看拼音，写汉字

miǎnyìlì _____   niàodào _____   biǎomiàn _____

wùlǐ zhìliáo _____   qīngchūnqī _____   zhǐzhěn _____

xìjūn _____   gāngmén _____

5. 两人一组完成下列对话并进行互相问答

实习生：你今天觉得 _____ ？

病　人：觉得很 _____ 。

实习生：怎么个 _____ ？

病　人：排尿的时候有一点儿疼。

实习生：尿道 _____ ？

第十课　你得了青春期慢性前列腺炎

病　　人：每次排尿的时候都有。

实习生：膀胱 _____？

病　　人：是,感觉非常难受。

实习生：这种情况有 _____ 了？

病　　人：大概有一两个月了。

6. 两人一组,根据课文内容写出合适的应答句后进行互相问答

（1）指导医生：6 床直肠指诊的结果是什么？

　　实习生：_____。

（2）指导医生：前列腺液的检查结果怎么样？

　　实习生：_____。

（3）指导医生：你觉得6床可能得了什么病？

　　实习生：_____。

（4）指导医生：6床才16岁,应该怎么治疗他的慢性前列腺炎呢？

　　实习生：_____。

7. 选择合适的词语填空（每个词语只能用一次）

（免疫力　灼热　憋尿　触　温水　前列腺液　细菌　指诊　青春期　理疗）

（1）常常 _____ 会影响身体健康,还可能引起前列腺炎复发。

（2）_____ 的青少年也是会得前列腺炎的。

（3）最近每次排尿的时候尿道都有很明显的 _____ 感。

（4）要确诊这是什么病,还需要检查 _____。

（5）你的病服中药效果不明显,还是做 _____ 吧。

（6）你以后要多锻炼身体,增强身体的 _____。

（7）刚才我给2床检查时, _____ 到他的腹部有个实性肿块。

（8）你有没有给8床做直肠 _____？

（9）如果有 _____ 感染,就要用抗生素治疗了。

（10）这个星期你要每天 _____ 坐浴半小时。

8. 请从括号中选出一个词语替换画线部分

（1）我觉得肚子很<u>不舒服</u>。（难受　难过　难看）

（2）我们先给你用<u>西药</u>治疗。（抗生素　细菌　指诊）

（3）他的病越来越<u>严重</u>。（担心　肿大　厉害）

（4）你的病情已经<u>稳定</u>了。（康复　好转　恶化）

9. 交际性练习(参见附录二)

两人一组,角色 A 看附录二的 3,角色 B 看附录二的 10。

附录:常用专业词语

急性前列腺炎	jíxìng qiánlièxiànyán	acute prostatitis
无菌性前列腺炎	wújūnxìng qiánlièxiànyán	aseptic prostatitis
病毒性前列腺炎	bìngdúxìng qiánlièxiànyán	viral prostatitis
真菌性前列腺炎	zhēnjūnxìng qiánlièxiànyán	mycotic prostatitis
滴虫性前列腺炎	dīchóngxìng qiánlièxiànyán	trichomonas prostatitis
细菌性前列腺炎	xìjūnxìng qiánlièxiànyán	bacterial prostatitis
前列腺肥大	qiánlièxiàn féidà	hypertrophy of prostate

第十一课　化疗和放疗的目的一样吗？

一、生词语

1. 放疗	fàngliáo	（动）	treat by radiation therapy
2. 目的	mùdì	（名）	goal
3. 晚期	wǎnqī	（名）	later period
4. 肺癌	fèi'ái	（名）	lung cancer
5. 骨转移	gǔzhuǎnyí	（名）	bone shift
6. 腺癌	xiàn'ái	（名）	gland cancer
7. 原发病灶	yuánfā bìngzào		primary focus of vinfection
8. 胸椎	xiōngzhuī	（名）	thoracic vertebra
9. 杀	shā	（动）	to kill
10. 对…来说	duì... láishuō		to...
11. 针对	zhēnduì	（动）	in view of
12. 抑制	yìzhì	（动）	to suppress
13. 放射线	fàngshèxiàn	（名）	radioactive rays
14. 质量	zhìliàng	（名）	quality
15. 任何	rènhé	（代）	any
16. 体检	tǐjiǎn	（名）	physical examination
17. 体格	tǐgé	（名）	physique
18. 健壮	jiànzhuàng	（形）	vigorous and healthy
19. 血像	xuèxiàng	（名）	blood picture
20. 卡铂	kǎbó	（名）	carboplatin
21. 下一步	xiàyíbù		next step

二、课　文

zhǐdǎo yīshēng — Wáng Jiàn
指导　医生——王　建

shíxíshēng— Ābǔdùlā
实习生——阿卜杜拉

1. 会话

阿卜杜拉：王老师，3 床病人肺部穿刺的病理报告和 CT 报告都出来了，您的判断真准，他的确是**晚期肺癌**，而且已经发生**骨转移**了。

王　建：病理检验结果是什么类型的癌？

阿卜杜拉：**腺癌**。这是 CT 的片子。王老师，腺癌是非小细胞肺癌的一种吧？

王　建：说得对。嗯，你看，肺部**原发病灶**不太严重，可是第四、五**胸椎**和左肩骨都有转移病灶，说明肺癌已经发展到 IV 期了，挺严重的。

阿卜杜拉：还能做手术吗？

王　建：太晚了，做手术已经没什么用了。

阿卜杜拉：那是不是考虑做化疗和放疗？

王　建：对。看来你最近进步不小啊。你再说说，化疗和放疗的目的一样吗？

阿卜杜拉：它们都是为了**杀死癌细胞**，目的应该是一样的。

第十一课　化疗和放疗的目的一样吗？

王　　建：你这个回答可不怎么样啊。

阿卜杜拉：啊？王老师，那请您给我详细说一说吧。

王　　建：每个病人的情况是不同的。**对**这个病人**来说**，化疗是**针对**原发病灶，是用化学药物**抑制**癌细胞的生长。

阿卜杜拉：那放疗呢？

王　　建：放疗不是针对他的原发病灶。

阿卜杜拉：那是针对转移病灶了？

王　　建：对，用**放射线**把第四、五胸椎和左肩骨周围的神经杀死。

阿卜杜拉：为什么要这样啊？

王　　建：这是为了减少癌的骨转移给病人带来的疼痛，提高病人的生活**质量**。

阿卜杜拉：哦。看来我们要学的东西还多着呢。对了，下午有一个实习生的病例讨论会，我想把这个病例的情况和我们的治疗方案给大家介绍一下儿。

王　　建：好，你去准备准备吧。

Ābǔdùlā:	Wáng lǎoshī, sān chuáng bìngrén fèibù chuāncì de bìnglǐ bàogào hé CT bàogào dōu chūlai le, nín de pànduàn zhēn zhǔn, tā díquè shì wǎnqī fèiái, érqiě yǐjīng fāshēng gǔzhuǎnyí le.
Wáng Jiàn:	Bìnglǐ jiǎnyàn jiéguǒ shì shénme lèixíng de ái?
Ābǔdùlā:	Xiàn'ái. Zhè shì CT de piānzi. Wáng lǎoshī, xiàn'ái shì fēi-xiǎoxìbāo fèi'ái de yì zhǒng ba?
Wáng Jiàn:	Shuō de duì. Ǹg, nǐ kàn, fèibù yuánfā bìngzào bú tài yánzhòng, kěshì dì-sì, wǔ xiōngzhuī hé zuǒ jiāngǔ dōu yǒu zhuǎnyí bìngzào, shuōmíng fèi'ái yǐjīng fāzhǎn dào sì qī le, tǐng yánzhòng de.
Ābǔdùlā:	Hái néng zuò shǒushù ma?
Wáng Jiàn:	Tài wǎn le, zuò shǒushù yǐjīng méi shénme yòng le.
Ābǔdùlā:	Nà shì bu shì kǎolǜ zuò huàliáo hé fàngliáo?
Wáng Jiàn:	Duì. Kànlái nǐ zuìjìn jìnbù bù xiǎo a. Nǐ zài shuōshuo, huàliáo hé fàngliáo de mùdì yíyàng ma?
Ābǔdùlā:	Tāmen dōu shì wèile shāsǐ áixìbāo, mùdì yīnggāi shì yíyàng de.
Wáng Jiàn:	Nǐ zhè ge huídá kě bù zěnmeyàng a.

Ābǔdùlā: Á? Wáng lǎoshī, nà qǐng nín gěi wǒ xiángxì shuō yi shuo ba.
Wáng Jiàn: Měi ge bìngrén de qíngkuàng shì bùtóng de. Duì zhè ge bìngrén láishuō, huàliáo shì zhēnduì yuánfā bìngzào, shì yòng huàxué yàowù yìzhì áixìbāo de shēngzhǎng.
Ābǔdùlā: Nà fàngliáo ne?
Wáng Jiàn: Fàngliáo bú shì zhēnduì tā de yuánfā bìngzào.
Ābǔdùlā: Nà shì zhēnduì zhuǎnyí bìngzào le?
Wáng Jiàn: Duì, yòng fàngshèxiàn bǎ dì-sì, wǔ xiōngzhuī hé zuǒ jiāngǔ zhōuwéi de shénjīng shāsǐ.
Ābǔdùlā: Wèi shénme yào zhèyàng a?
Wáng Jiàn: Zhè shì wèile jiǎnshǎo ái de gǔzhuǎnyí gěi bìngrén dàilái de téngtòng, tígāo bìngrén de shēnghuó zhìliàng.
Ābǔdùlā: Ò. Kànlái wǒmen yào xué de dōngxi hái duō zhe ne. Duì le, xiàwǔ yǒu yí ge shíxíshēng de bìnglì tǎolùnhuì, wǒ xiǎng bǎ zhè ge bìnglì de qíngkuàng hé wǒmen de zhìliáo fāng'àn gěi dàjiā jièshào yíxiàr.
Wáng Jiàn: Hǎo, nǐ qù zhǔnbèi zhǔnbèi ba.

2. 成段表达 (病例讨论会上阿卜杜拉的介绍)

现在我给大家介绍一下儿3号床的情况。李方,男,51岁。曾经当过工人,有七年以上的吸烟史。入院前,病人已经有五年多没做过**任何体检**。一个多月前,病人开始感觉到胸痛,同时伴有干咳。一个星期前,病人来门诊看病,门诊给他拍了X光片,确诊为肺癌,三天前入院。入院后又进一步做了胸部穿刺和CT检查。胸腔穿刺的病理报告结果是肺部腺癌,CT显示病人第四、五胸椎和左肩骨都有转移病灶,诊断是肺癌Ⅳ期。病人**体格健壮**,**血像**检查结果显示病人的肝肾功能良好,所以王建老师考虑先用**卡铂**进行化疗。两个疗程后根据病人的情况再决定**下一步**治疗方案。化疗的同时或者化疗以后,我们还会建议病人接受对转移病灶的放疗。放疗的目的是杀死转移病灶周围的神经,减轻病人的疼痛,提高病人的生活质量。

Xiànzài wǒ gěi dàjiā jièshào yíxiàr sān hào chuáng de qíngkuàng. Lǐ Fāng, nán, wǔshíyī suì. Céngjīng dāngguo gōngrén, yǒu qī nián yǐshàng de xīyānshǐ. Rùyuàn qián, bìngrén yǐjīng yǒu wǔ nián duō méi zuòguo rènhé tǐjiǎn. Yí ge duō yuè qián, bìngrén kāishǐ gǎnjué dào xiōngtòng, tóngshí bànyǒu gānké. Yí ge xīngqī qián, bìngrén lái ménzhěn kànbìng, ménzhěn gěi tā pāile X-guāngpiàn, quèzhěn wéi fèi'ái, sān tiān qián rùyuàn. Rùyuàn hòu yòu jìnyíbù zuòle xiōngbù chuāncì hé CT jiǎnchá. Xiōngqiāng chuāncì de bìnglǐ bàogào jiéguǒ shì fèibù xiàn'ái, CT xiǎnshì bìngrén dì-sì, wǔ xiōngzhuī hé zuǒ jiāngǔ dōu yǒu zhuǎnyí bìngzào, zhěnduàn shì fèi'ái sì qī. Bìngrén tǐgé jiànzhuàng, xuèxiàng jiǎnchá jiéguǒ xiǎnshì bìngrén de gānshèn gōngnéng liánghǎo, suǒyǐ Wáng Jiàn lǎoshī kǎolǜ xiān yòng kǎbó jìnxíng huàliáo. Liǎng ge liáochéng hòu gēnjù bìngrén de qíngkuàng zài juédìng xiàyíbù zhìliáo fāng'àn. Huàliáo de tóngshí huòzhě huàliáo yǐhòu, wǒmen hái huì jiànyì bìngrén jiēshòu duì zhuǎnyí bìngzào de fàngliáo. Fàngliáo de mùdì shì shāsǐ zhuǎnyí bìngzào zhōuwéi de shénjīng, jiǎnqīng bìngrén de téngtòng, tígāo bìngrén de shēnghuó zhìliàng.

三、注　释

1. 晚期肺癌

临床上根据肿瘤的大小、癌细胞向淋巴结及别的组织、器官转移的程度，把肺癌分为Ⅰ、Ⅱ、Ⅲ、Ⅳ四期。通常把Ⅰ、Ⅱ期称为早期，把Ⅲ、Ⅳ期称为中晚期，而把Ⅳ期称为晚期。已经发生骨转移的肺癌属晚期肺癌。

In clinic, based on the size of the tumor, the spread space of malignant cell's metastasis to the lymph node, other tissues and organs, lung cancer can be categorized into four stages: namely I, II, III, IV stage. Generally speaking, the I and II stages are called early stage, and the III and IV stages are called intermediate and advanced stages. IV stage is also used to describe the advanced stage. Lung cancer with osseous metastasis is called advanced stage lung cancer.

2. 骨转移

骨转移肿瘤简称骨转移，是由原发于其他脏器的恶性肿瘤细胞经血液运行或其他途径转移到骨骼而引起的。最易发生骨转移的有乳腺癌、肺癌、肝癌、肾癌和甲状腺癌等。

Osseous metastasis tumor is called osseous metastasis in short. It is caused by the malignant tumor cell on other organs through blood running or other ways. Breast carcinoma, lung cancer, liver cancer, renal carcinoma, thyroid carcinoma and other malignant can easily develop osseous metastasis.

3. 腺癌

根据癌细胞的生物学特征,可将肺癌分为小细胞肺癌(small cell lung cancer)和非小细胞肺癌(non-small cell lung cancer)两大类。腺癌是非小细胞肺癌的一种,一般来说发生转移比较早,很多病人的肺部病灶还很小,甚至影像学检查还未能发现肺部病灶,癌细胞却已转移到其他地方了。

According to cancer's biology feature, lung cancer can be categorized into small cell lung cancer and non-small cell lung cancer. Adenocarcinoma is one type of the non-small cell lung cancer. Its metabasis occurs relatively early. Before the primary focus of tumor can be found by imagology test or when it is still very small, the malignant cell has metastasized already.

4. 原发病灶

机体上最初发生病变的部位称为原发病灶,这是相对于转移病灶而言的。比如肺癌的原发病灶在肺部,癌细胞经血液运行或其他途径转移到骨骼或脑部,骨骼或脑部的病灶就是转移病灶。

The position in organism with the earliest pathological changes is called primary lesion, which is in terms of metastatic lesion. For example, the primary lesion of lung cancer lies in lung, but malignant cells are metastasized by blood running or other paths to skeleton or brain, then the focus of infection in skeleton or brain is called metastatic lesion.

5. 放疗

放疗就是放射治疗,是治疗恶性肿瘤的一种常用方法。它利用 X 线、γ 线或电子线等放射线对癌细胞的致死作用来杀伤、破坏癌组织,使其缩小。由于它仅对被照射部位有治疗效果,所以是和外科手术疗法相同的局部疗法。

Radiotherapy is radiation therapy, a common way to treat malignant tumor. It makes use of radioactive rays such as X-ray, γ-ray or electric ray and so on to kill cancer cells, remove the carcinoma tissue or deflate it. Its effect is only confined to the certain affected area, and it is considered as one of local therapy as surgical therapy.

6. 对……来说

固定格式。可以放在句子开头或主语后面。介词"对"后面接人或事物的代词或名词,构成"对 A 来说"格式,表示从 A 的角度对人或事物进行判断或评

论。放在句子开头时,"来说"后面有停顿。如:

It is a set phrase, placed at the beginning of a sentence or follow the subject. "对", as a preposition, precedes a proper noun or noun to form the structure "从A来说". It indicates the judgment or comment from the perspective of A. "来说" is usually followed by a pause when at the beginning of a sentence, which is indicated by a comma. e.g.

(1) 对肺癌晚期的病人来说,做手术已经没有什么用了。=(做手术对肺癌晚期的病人来说已经没有什么用了。)

(2) 对学校来说,学生和老师都是很重要的。=(学生和老师对学校来说都是很重要的。)

"对"也可以换成"对于",构成"对于A来说"格式,意义和用法与"对A来说"相同。

"对" can also be replaced by "对于" to form another structure "对于A来说", with the same meaning and usage as "对A来说".

7. ……多着呢 (adj.+着呢)

形容词后面加"着呢",是对前面这个形容词的强调。"多着呢"就是强调"很多"。其他的例子如:

高着呢—难着呢—大着呢—高兴着呢—快乐着呢

"着呢" precedes an adjective to emphasize it. "多着呢" emphasizes "多", meaning "a lot of".

8. 血像

血液由血浆(plasma)和血细胞(blood cell)组成。血细胞包括红细胞、白细胞和血小板。对血细胞的形态、数量、比例和血红蛋白(存在于红细胞内)含量的测定称为血像。机体患病时,血像常有显著变化,所以检查血像对了解机体状况和诊断疾病十分重要。

Blood is constituted by plasma and blood cell. A blood cell consists of akaryocyte, leucocyte and thrombocyte. The test for shape, quantity, proportion of the blood cell and hemoglobin's (existed in akaryocyte) content are called hemogram. When an organ has had a disease, the hemogram would have significant changes, therefore hemogram is important to testify the state of the body and diagnosis.

9. 卡铂

"卡铂"是对肿瘤进行化疗的常用药物之一。

Carboplatin is a chemotherapy drug used against some forms of cancer.

四、练习

1. 听与读

肺癌	放疗	放射线	药物	骨转移
腺癌	化疗	X射线	化学药物	胃转移
小细胞肺癌	理疗	γ射线	非化学药物	脑转移
非小细胞肺癌				肝转移
早期肺癌	下一步		任何	
中晚期肺癌	下一步方案		任何体检	质量
	下一步治疗方案		任何结果	生活质量
杀	下一步工作方案		任何药物	工作质量
杀死	下一步学习方案		任何治疗	
杀死癌细胞				
杀死细菌		病灶	健壮	血像
杀死病毒		转移病灶	体格健壮	血像检查
杀死转移病灶周围的神经		原发病灶		

2. 替换与扩展

(1) 病理报告出来了。　　(2) 化疗是针对他的原发病灶。

| 肺部穿刺 |
| CT |
| 血像检查 |
| 前列腺液的检查 |

放疗	转移病灶
理疗	膝关节胀痛
这个药	心律不齐
抗生素	化脓的伤口

第十一课　化疗和放疗的目的一样吗？

(3) 化疗和放疗的<u>目的</u>一样吗？　(4) 他已经有<u>五年</u>没有进行过任何体检了。

学习医学和学习物理学的目的
西医治疗和中医治疗的目的
药物治疗和物理治疗的效果
这种药和那种药的效果

十个小时
十多年
很长时间
几年

吃
得
用
验

任何东西
病
任何药物
血

(5) 对肺癌晚期的<u>病人</u>来说，做手术已经没有什么用了。

这个病人
她的病
医学生
癌症病人

化疗已经没有什么用了
手术治疗可以达到根治的目的
临床实习是非常重要的
化疗是一种常用的治疗方法

(6) 看来我们要学习的<u>东西</u>还多着呢。

你不懂的东西
这位病人身体恢复的时间
现在要对4床确诊
病人的血压

多
长
难
高

3. 看汉字，写拼音

肺癌_____　　腺癌_____　　放射线_____　　卡铂_____

血像_____　　胸椎_____　　骨转移_____

4. 看拼音，写汉字

mùdì_____　　zhēnduì_____　　yìzhì_____　　rènhé_____

érqiě_____　　wǎnqī_____　　tǐjiǎn_____　　fàngliáo_____

5. 模仿例子写出全称

例：体检——体格检查

化疗——　　　　　　放疗——　　　　　　理疗——

心梗——　　　　　　甲亢——

6. 两人一组完成下列对话并进行互相问答

(1) 医　　生：病人的病理报告出来了吗？是什么类型的癌？

阿卜杜拉：_____。

医　　生：肺癌已经发展到Ⅳ期了，挺严重的。
阿卜杜拉：_____？
医　　生：下一步我们先要对病人进行化疗。
阿卜杜拉：他能做化疗吗？
医　　生：_____。

(2) 阿卜杜拉：王老师，_____？
指导医生：在左下肺。
阿卜杜拉：那转移病灶呢？
指导医生：_____。
阿卜杜拉：_____？
指导医生：对晚期肺癌的病人做手术，已经没有用了。
阿卜杜拉：那放疗和化疗有什么作用？
指导医生：_____。
阿卜杜拉：看来_____。

7. 造句

(1) 对……来说：_____
(2) 而且：_____
(3) 目的：_____
(4) 针对：_____
(5) 下一步：_____

8. 选择合适的词语填空（每个词语只能用一次）

(下一步　晚期　目的　而且　腺癌　放疗　体检　对……来说　针对　抑制)

(1) 根据CT报告，病人是_____肺癌，_____已经发生骨转移了。
(2) _____是非小细胞肺癌的一种。
(3) 他是骨折，_____他_____，药物治疗没什么用。
(4) _____病人的情况，我们打算对他进行_____。
(5) 化疗是用化学药物_____癌细胞的生长。
(6) 老年人应该每年进行一次_____，_____是通过身体检查及时发现问题。
(7) 他已经做了两个疗程化疗了，等检查结果出来后，我们再根据情况决定_____的治疗方案吧。

第十一课　化疗和放疗的目的一样吗？

9. 根据课文内容判断正误

（　　）(1) 3床病人的主要症状是胸痛。

（　　）(2) 病人是晚期肺癌,不过还没有发生骨转移。

（　　）(3) 病人的肺癌发展到Ⅳ期,不太严重。

（　　）(4) 晚期肺癌做手术很有用,可以根治。

（　　）(5) 化疗是针对原发病灶,用化学药物抑制癌细胞的生长。

（　　）(6) 放疗是为了减轻癌的骨转移给病人带来的疼痛,提高病人的生活质量。

（　　）(7) 病人现在的身体情况可以做化疗。

（　　）(8) 化疗后的下一步治疗方案是放疗。

10. 参考使用下列词语看图对话

(1) 图1场景提示：两位实习生在办公室讨论病人的病理检验报告。

　　(病理报告　肺癌　严重　放疗　化疗　手术　抑制　减轻)

(2) 图2场景提示：医生、实习生和病人家属在办公室的会话,医生、实习生拿着病理报告和CT报告对病人家属介绍病情并回答病人家属的问题。

　　(晚期肺癌　腺癌　骨转移　胸痛　干咳　放疗　化疗　病灶　生活质量　下一步)

附录：常用专业词语

放射性肺炎	fàngshèxìng fèiyán	radiation pneumonitis
放射性肠炎	fàngshèxìng chángyán	radiation enteritis
骨扫描	gǔsǎomiáo	bone scan
定位	dìngwèi	location
顺铂	shùnbó	Cisplatin
紫杉醇	zǐshānchún	Paclitaxel
靶向治疗	bǎxiàng zhìliáo	targeted therapy
特罗凯	Tèluókǎi	Tarceva (Erlotinib)

第十二课　我得的是不是恶性肿瘤？

一、生词语

1.	恶性	èxìng	（形）	vicious; malignant
2.	活检	huójiǎn	（名）	biopsy
3.	挖	wā	（动）	to scape
4.	活组织	huózǔzhī	（名）	living tissue
5.	局部	júbù	（名）	local
6.	麻醉	mázuì	（名）	anesthesia
7.	先进	xiānjìn	（形）	advanced
8.	费	fèi	（名）	fee expense; toll
9.	乳腺纤维腺瘤	rǔxiàn xiānwéi xiànliú		fibroadenoma of breast
10.	良性	liángxìng	（形）	benign; innocuousness
11.	~体	tǐ	（后缀）	body
12.	恶变	èbiàn	（动）	to malignant; to cancerate
13.	几率	jīlǜ	（名）	probability
14.	怀孕	huáiyùn	（动）	be pregnant; to conceive
15.	绝经期	juéjīngqī	（名）	menopause
16.	乳房	rǔfáng	（名）	breast; mammae
17.	~于	yú	（介）	to; for
18.	基本上	jīběnshang		essentially; mainly
19.	发炎	fāyán	（动）	be inflamed; get infected
20.	切口	qiēkǒu	（名）	cut
21.	缝合	fénghé	（动）	to suture (stitch)
22.	人体	réntǐ	（名）	human body
23.	线	xiàn	（名）	thread
24.	疤痕	bāhén	（名）	scar

第十二课　我得的是不是恶性肿瘤？

二、课　文

zhǐdǎo yīshēng — Chén Lìpéng
指导　医生——陈　力朋

shíxíshēng— Báiruìdì
实习生——白瑞蒂

zhǒngliú wàikē liù chuáng bìngrén — Hú Lánhuā (nǚ, èrshíwǔ suì)
肿瘤　外科　6　床　病人——胡　兰花（女，25 岁）

1. 会话

白瑞蒂：胡小姐,您好!

胡兰花：你好! 医生,我得的是不是恶性肿瘤?

白瑞蒂：现在还不知道。我们准备给您做穿刺**活检**来进行诊断。

胡兰花：听说活检跟做手术一样,是把瘤子**挖**出来检查,对不对?

白瑞蒂：穿刺活检不用做手术,只是用穿刺针取出一点儿肿块**活组织**来进行检查。

胡兰花：会很痛吗?

白瑞蒂：穿刺前会先给您做**局部麻醉**,不会疼的。

胡兰花：我以前听别人说,活检的伤口跟做手术差不多大,真的吗?

白瑞蒂：那是过去的手术活检。现在改用更**先进**的穿刺针活检,伤口很小,检查结果也很准。

胡兰花：那检查**费**是不是比手术活检要贵一些?

白瑞蒂：不,这比手术活检要便宜。

胡兰花：哦,那我就放心了。谢谢你!

Báiruìdì: Hú xiǎojiě, nín hǎo!
Hú Lánhuā: Nǐ hǎo! Yīshēng, wǒ dé de shì bu shì è'xìng zhǒngliú?
Báiruìdì: Xiànzài hái bù zhīdao. Wǒmen zhǔnbèi gěi nín zuò chuāncì huójiǎn lái jìnxíng zhěnduàn.
Hú Lánhuā: Tīngshuō huójiǎn gēn zuò shǒushù yíyàng, shì bǎ liúzi wā chulai jiǎnchá, duì bu duì?
Báiruìdì: Chuāncì huójiǎn bú yòng zuò shǒushù, zhǐshì yòng chuāncìzhēn qǔchū yìdiǎnr zhǒngkuài huó zǔzhī lái jìnxíng jiǎnchá.
Hú Lánhuā: Huì hěn tòng ma?
Báiruìdì: Chuāncì qián huì xiān gěi nín zuò júbù mázuì, bú huì téng de.
Hú Lánhuā: Wǒ yǐqián tīng biéren shuō, huójiǎn de shāngkǒu gēn zuò shǒushù chàbuduō dà, zhēnde ma?
Báiruìdì: Nà shì guòqù de shǒushù huójiǎn. Xiànzài gǎiyòng gèng xiānjìn de chuāncìzhēn huójiǎn, shāngkǒu hěn xiǎo, jiǎnchá jiéguǒ yě hěn zhǔn.
Hú Lánhuā: Nà jiǎncháfèi shì bu shì bǐ shǒushù huójiǎn yào guì yìxiē?
Báiruìdì: Bù, zhè bǐ shǒushù huójiǎn yào piányi.
Hú Lánhuā: Ò, nà wǒ jiù fàngxīn le. Xièxiè nǐ!

2. 会话

陈力朋：白瑞蒂，你把6床的病理检查结果拿给我看看。
白瑞蒂：好。这是6床的检查结果。
陈力朋：哦，是**乳腺纤维腺瘤**。
白瑞蒂：这是**良性**肿瘤吧？
陈力朋：对。
白瑞蒂：那要不要做手术呢？
陈力朋：瘤**体**直径4厘米，最好还是进行手术治疗。
白瑞蒂：不做手术的话会不会**恶变**？
陈力朋：乳腺纤维腺瘤恶变的**几率**不大，但还是有恶变的可能。
白瑞蒂：什么情况下会引起恶变？
陈力朋：一般是不会恶变的，但如果遇到内分泌剧烈变化的情况，比如**怀孕**、**绝经期**等，就很难说了。

白瑞蒂：现在这种情况要把病人的**乳房**切除吗？
陈力朋：不用，只需要切除瘤体。
白瑞蒂：手术后病人要不要做放疗或化疗？
陈力朋：都不用。注意对伤口进行消炎处理就行了。

Chén Lìpéng:	Báiruìdì, nǐ bǎ liù chuáng de bìnglǐ jiǎnchá jiéguǒ nágěi wǒ kànkan.
Báiruìdì:	Hǎo. Zhè shì liù chuáng de jiǎnchá jiéguǒ.
Chén Lìpéng:	Ò, shì rǔxiàn xiānwéi xiànliú.
Báiruìdì:	Zhè shì liángxìng zhǒngliú ba?
Chén Lìpéng:	Duì.
Báiruìdì:	Nà yào bu yào zuò shǒushù ne?
Chén Lìpéng:	Liútǐ zhíjìng sì límǐ, zuìhǎo háishi jìnxíng shǒushù zhìliáo.
Báiruìdì:	Bú zuò shǒushù dehuà huì bu huì èbiàn?
Chén Lìpéng:	Rǔxiàn xiānwéi xiànliú èbiàn de jīlǜ bú dà, dàn háishi yǒu èbiàn de kěnéng.
Báiruìdì:	Shénme qíngkuàng xià huì yǐnqǐ èbiàn?
Chén Lìpéng:	Yìbān shì bú huì èbiàn de, dàn rúguǒ yùdào nèifēnmì jùliè biànhuà de qíngkuàng, bǐrú huáiyùn, juéjīngqī děng, jiù hěn nán shuō le.
Báiruìdì:	Xiànzài zhè zhǒng qíngkuàng yào bǎ bìngrén de rǔfáng qiēchú ma?
Chén Lìpéng:	Bú yòng, zhǐ xūyào qiēchú liútǐ.
Báiruìdì:	Shǒushù hòu bìngrén yào bu yào zuò fàngliáo huò huàliáo?
Chén Lìpéng:	Dōu bú yòng. Zhùyì duì shāngkǒu jìnxíng xiāoyán chǔlǐ jiù xíng le.

3. 成段表达（白瑞蒂对胡兰花说）

　　胡小姐，您的乳腺活体检查结果是乳腺纤维瘤，这是一种良性肿瘤。一般来说，它对身体没有什么影响，恶变的几率也不大，不过还是有恶变的可能，比如遇到怀孕、绝经期等内分泌变化比较大的情况，就可能会增加恶变的几率。如果瘤体小于2厘米，我们会建议您先不做手术；可是您的纤维瘤直径有4厘米，我们建议您最好还是马上进行手术切除。您不用担心，这个手术不需要切除乳房，只要把纤维瘤切除就行了。手术前我们会给您做局部麻醉，做手术的时候您**基本上**感觉不到疼痛。手术后也不用做放疗和化疗，只需要打

些消炎针，防止伤口发炎。因为手术切口不大，而且缝合伤口用的是人体可吸收的缝合线，所以手术后留下的疤痕不会很明显的。

Hú xiǎojiě, nín de rǔxiàn huótǐ jiǎnchá jiéguǒ shì rǔxiàn xiānwéiliú, zhè shì yì zhǒng liángxìng zhǒngliú. Yìbān láishuō, tā duì shēntǐ méiyǒu shénme yǐngxiǎng, èbiàn de jīlǜ yě bú dà, búguò háishi yǒu èbiàn de kěnéng, bǐrú yùdào huáiyùn, juéjīngqī děng nèifēnmì biànhuà bǐjiào dà de qíngkuàng, jiù kěnéng huì zēngjiā èbiàn de jīlǜ. Rúguǒ liútǐ xiǎoyú liǎng límǐ, wǒmen huì jiànyì nín xiān bú zuò shǒushù, kěshì nín de xiānwéiliú zhíjìng yǒu sì límǐ, wǒmen jiànyì nín zuìhǎo háishi mǎshàng jìnxíng shǒushù qiēchú. Nín bú yòng dānxīn, zhè ge shǒushù bù xūyào qiēchú rǔfáng, zhǐyào bǎ xiānwéiliú qiēchú jiù xíng le. Shǒushù qián wǒmen huì gěi nín zuò júbù mázuì, zuò shǒushù de shíhou nín jīběnshang gǎnjué bú dào téngtòng. Shǒushù hòu yě bú yòng zuò fàngliáo hé huàliáo, zhǐ xūyào dǎ xiē xiāoyánzhēn, fángzhǐ shāngkǒu fāyán. Yīnwèi shǒushù qiēkǒu bú dà, érqiě fénghé shāngkǒu yòng de shì réntǐ kě xīshōu de fénghéxiàn, suǒyǐ shǒushù hòu liúxià de bāhén bú huì hěn míngxiǎn de.

三、注　释

1. 穿刺活检

"活检"的全称叫"活组织检查"，是临床常用的一种检查肿瘤的方法。目的是确定病变性质，对肿瘤进行分类、分级，预测肿瘤病人的病情发展并指导治疗。做法是从病人体内取出活组织，在显微镜下观察细胞形态及细胞之间的关系，对其进行病理形态学检查。穿刺活检是临床上常用的活检方法之一，它适用于具有一定体积、表面有正常组织覆盖的实性肿瘤。做法是用穿刺针刺入瘤体，抽取其中的组织细胞进行病理学检查。

Biopsy, the whole name is "living tissue examine", is a commonly used method for checking a tumor. Its aim is to define the property of the disease, classify and grade the tumor, predict the progression of the disease and then guide the treatment. The method is to take out of the living tissue from the human body, observe cells' appearance and their relations in the microscope, and inspect their pathomorphology. Needle biopsy is the common method for biopsy on clinic, it applies to these entity tumors with a certain volume, and obducent by normal tissue on the surfaces. The method is to stick into the body of a tumor by a puncture needle, draw some cells of the tissue for pathology examination.

2. 麻醉

麻醉是进行手术或诊断性检查操作时,为消除病人疼痛、保障病人安全、创造良好的手术条件而采取的辅助方法,有时也用来控制疼痛。麻醉的方法有全身麻醉、局部麻醉和复合麻醉。

Anesthesia is the auxiliary method, which aims to eliminate the pain of patients, safeguard patient safety, and create good conditions for the operation during an operation or diagnostic inspection operations, sometimes also used to control pain. Anesthesia methods are including general anesthesia, local anesthesia and combined anesthesia.

注射麻醉药后使病人进入睡眠状态以便医生施行手术的方法叫全身麻醉;利用局部麻醉药物使病人身体的某一部位暂时失去感觉的方法叫局部麻醉;同时或先后应用两种或多种麻醉药、辅助药或麻醉方法,以满足某些手术特殊要求的方法叫复合麻醉。选择哪种麻醉方法,应根据患者病情和手术需要、麻醉方法的适应症和禁忌症等来决定。

After the injection of anesthetic drug, the patient go to the sleep, so that the doctors can perform the operation, this method is called general anesthesia. Local use of anesthetic drugs to the patient's certain physical location for a temporary loss of feeling is called local anesthesia. Two or more anesthetic drugs, auxiliary drugs or methods are applied for meeting specific needs of certain surgeries are called combined anesthesia. The anesthesia methods will vary according to the patients' conditions and requirements of surgery, indication and contraindication and so on.

3. 乳腺纤维腺瘤

乳腺纤维腺瘤是发生于乳腺小叶内纤维组织和腺上皮的混合性瘤,是乳房良性肿瘤中最常见的一种。乳腺纤维腺瘤可发生于青春期后任何年龄的女性,但以18~25岁的青年女性多见。发病原因与内分泌失调、雌激素分泌增高有关。临床上以无痛性乳房肿块为主要症状,肿块表面光滑,质地坚韧,边界清楚,活动度大。

Mammary fibroadenoma is a mixed type tumor occurred both in the fibrous

tissue of the lobules of mammary gland and the glandular epithelium. It is the most common benign tumors in the breast. Mammary fibroadenoma can occur at any age of postpubescent women, mostly for aged 18 to 25. The causes of the disease may relate to endocrine disorders, increased secretion of estrogen. The main symptoms on clinic are of painless breast lumps with a smooth surface, texture and resilience, clearly bordering and activated.

4. ~体

"体"作为后缀,在医学术语中可附在一些名词后面构成一个新的名词"~体",表示这个具体的事物。如:瘤体—腺体—牙体—腔体。

"体" as a suffix, can be attached to some of the terminology and constituted a new term "~体" in medical terminology, indicating a specific thing. e.g. 瘤体—腺体—牙体—腔体.

5. ……的话

"……的话"多用于口语,表示假设语气。一般用在前一个分句的末尾,表示假设。后面分句表示假设的结果,常跟"就"或"也"配合使用,"就"或"也"放在动词或能愿动词前边。如:

"……的话" is commonly used in spoken language, indicating the hypothetical tone. It is often used at the end of a preceding clause for assumption, and the following clause for the results of assumption. It is often used together with "就" or "也", "就" or "也" can be put before the verb or auxi verb. e.g.

(1) 你能来~,我们会很高兴的。

(2) 手术顺利~,后天就可以出院。

(3) 药物治疗效果不明显的~,也可以考虑手术治疗。

还可以在分句开头或主语后面加上表示假设的连词"如果"、"假如"、"要是"等,构成"如果/假如/要是……的话"格式;也可以加否定副词"不",构成"不……的话"表示否定的假设。如:

The conjunction "如果","假如","要是" indicating assumption can be also added at the beginning of a clause or after the subject, constituting the patterns "如果/假如/要是……的话". The negative adverb "不" can be added to constitute "不……的话" indicating a negative assumption. e.g.

(4) (如果/假如/要是)这样~,就不用做手术了。

(5)(要是)你不同意~,我们就想别的办法吧。

如果句子比较短,有时候两个分句之间也可以不停顿。如:

If the sentences are relatively short, sometimes the two clauses can be no pause. e.g.

(6)你想去~就给我打电话吧。

(7)不做手术~会不会恶变?

6. 一般来说

"一般来说",也做"一般说来",常用在句子的开头,有停顿,表示从一般的情况说、根据通常的情况看。如:

"一般来说", also used as "一般说来", often used at the beginning of the sentence, with a pause, indicating according to the usual conditions. e.g.

(1)~,火车比飞机安全。

(2)~,心脏病患者不能太激动。

有时候也可以用在主语后面,如上两例可以说成:

Sometimes it can also be used after the subject. The above examples can also be indicated as follows:

(3)火车~比飞机安全。

(4)心脏病患者~不能太激动。

前一种说法用得比较多。

The former is more common.

7. adj. + 于

介词"于"用在形容词"高"、"低"、"多"、"少"、"大"、"小"、"长"、"短"、"轻"、"重"等后面,一般表示比较,大致相当于"比"。如:

Preposition "于" is used after the adjective such as "高","低","多","少","大","小","长","短","轻","重" to indicate comparison, roughly equivalent to "比". e.g.

(1)如果瘤体小~2厘米,我们会建议你先不做手术。(比2厘米小)

(2)体温高~39度就是高烧了。(比39度高)

8. 只要……就行了

口语中表示条件和结果关系的常用格式。强调做了"只要"后面所说的事

情,自然可以达到目的。如:

It is a commonly used pattern to express the relation of condition and results. If the requirements after "只要" are satisfied, the aim can be achieved certainly. e.g.

(1) 这个手术不需要切除乳房,只要把纤维瘤切除就行了。

(2) 这种病只要按时服药就行了。

四、练 习

1. 听与读

肿瘤	恶性	活检	麻醉
纤维瘤	良性	手术活检	局部麻醉
乳腺纤维瘤	恶性肿瘤	穿刺活检	全身麻醉
	良性肿瘤	穿刺针活检	
切口	恶性乳腺纤维腺瘤		经期(月经期)
伤口	良性乳腺纤维腺瘤	恶变	绝经期
		恶变几率	孕期(怀孕期)
费	瘤体	消炎		
检查费	腺体	消肿	切除	缝合
住院费	牙体	消退	切除乳房	缝合线
体检费	腔体	消化	切除纤维瘤	缝合切口
手术费	卵磷脂小体	消炎针	切除肿瘤	
药费		消炎药	切除瘤体	

2. 替换与扩展

(1) 我们准备给您做穿刺活检来进行诊断。

超声波检查
活组织检查
血像检查

(2) 穿刺前会先给您做局部麻醉。

手术	做个穿刺活检
做胸部 CT	注射一些药
做别的治疗	消炎的
石膏固定	的手臂复位

(3) 不做手术的话会不会恶变?

做理疗	恶化
用抗生素	发炎
用石膏固定	影响骨折处的复位
做脑部 CT 检查	很难确诊

(4) 乳腺纤维腺瘤恶变的几率不大,但还是有恶变的可能。

他的心脏病发作	发作
吃这种药过敏	过敏
这种肿瘤切除后复发	复发
这个年龄得高血压	得高血压

(5) 一般来说,恶变的几率不大。

癫痫发作前会有先兆
得了巨大肝囊肿应该尽快做手术
糖尿病人有"三多一少"的症状
脾破裂确诊以后要马上进行手术

(6) 这个手术不需要切除乳房,只要把纤维瘤切除就行了。

高血压一般	住院	按时服降压药
小的胆结石	手术	注意少吃油腻的东西
纤维瘤切除后	做放疗和化疗	打些消炎针
轻度糖尿病暂时	吃药	注意控制饮食和适当运动

3. 看汉字,写拼音

麻醉_____　　疤痕_____　　绝经期_____

缝合_____　　乳房_____　　乳腺纤维腺瘤_____

活检_____　　费_____

4. 看拼音,写汉字

èxìng _____ réntǐ _____ bù _____
mázuì _____ liángxìng _____ jǐlǜ _____
huáiyùn _____ xiānjìn _____ fāyán _____

5. 词语搭配(可多选)

(1) 留下　　　　A. 活组织
(2) 切除　　　　B. 疤痕
(3) 打　　　　　C. 穿刺活检
(4) 做　　　　　D. 切口
(5) 取出　　　　E. 伤口发炎
(6) 缝合　　　　F. 乳腺纤维瘤
(7) 防止　　　　G. 缝合线
(8) 吸收　　　　H. 消炎针

6. 选择合适的词语填空(每个词语只能用一次)

(人体　局部　恶变　怀孕期　基本上　大于　先进　麻醉　几率　发炎)

(1) 乳腺纤维腺瘤恶变的_____不大,但还是有恶变的可能。
(2) 手术前会给你做全身_____,你不会觉得疼的。
(3) 为了防止伤口_____,可以服些消炎药。
(4) 良性肿瘤一般是不会_____的,但如果遇到内分泌剧烈变化的情况就很难说了。
(5) 别担心,这种缝合线_____能吸收,以后不会留下明显的疤痕。
(6) _____内分泌会出现剧烈变化。
(7) 请问穿刺前要做_____麻醉吗?
(8) 从各项检查结果来看,你的病_____好了,明天就可以出院。
(9) 腹腔镜胆囊切除术是比较_____的疗法。
(10) 你的纤维瘤直径已经_____4厘米了,应该马上进行手术切除。

7. 根据问句写出应答句并进行互相问答

(1) 指导医生:乳腺纤维腺瘤会发生恶变吗?
　　实习生:_____。
(2) 病人:穿刺活检是不是一种手术?
　　实习生:_____。

(3) 病人：为什么做穿刺活检病人不会觉得疼？
　　实习生：_____。

(4) 指导医生：穿刺活检和手术活检有什么不同？
　　实习生：_____。

(5) 病人：医生说我得的是良性纤维瘤，为什么要马上进行手术？
　　实习生：_____。

(6) 指导医生：乳腺纤维瘤切除手术后为什么不会留下明显的疤痕？
　　实习生：_____。

8. 交际性练习（参见附录二）

两人一组，角色 A 看附录二的 13，角色 B 看附录二的 2。

附录：常用专业词语

乳腺造影术	rǔxiàn zàoyǐngshù	mammography
乳腺切除术	rǔxiàn qiēchúshù	mastectomy
根治性乳腺切除术	gēnzhìxìng rǔxiàn qiēchúshù	radical mastectomy
单纯性乳腺切除术	dānchúnxìng rǔxiàn qiēchúshù	simple mastectomy
乳腺保守疗法	rǔxiàn bǎoshǒu liáofǎ	breast conservative therapy
激素疗法	jīsù liáofǎ	hormone therapy
乳腺重建	rǔxiàn chóngjiàn	breast reconstruction

第十三课　现在肿瘤太大了，不适合做手术切除

一、生词语

1.	老	lǎo	（副）	always
2.	扎	zhā	（动）	to puncture
3.	受不了	shòubuliǎo		can't stand
4.	注意力	zhùyìlì	（名）	attention
5.	乙肝病毒	yǐgān bìngdú		the hepatitis B virus
6.	戒	jiè	（动）	abstain from
7.	伤害	shānghài	（动）	to hurt
8.	后悔	hòuhuǐ	（形）	regretted
9.	乐观	lèguān	（形）	optimistic
10.	肝硬化	gānyìnghuà	（名）	cirrhosis; hepatocirrhosis
11.	适合	shìhé	（动）	to suit
12.	介入化疗	jièrù huàliáo		interventional chemotherapy
13.	伽马刀	gāmǎdāo	（名）	Gamma Knife
14.	质子刀	zhìzǐdāo	（名）	Proton Knife
15.	程度	chéngdù	（名）	degree
16.	仍然	réngrán	（副）	still
17.	原发性肝癌	yuánfāxìng gān'ái		primary liver cancer
18.	减退	jiǎntuì	（动）	to fade
19.	消瘦	xiāoshòu	（动）	become thin
20.	偶然	ǒurán	（副）	by chance
21.	延长	yáncháng	（动）	to lengthen
22.	生存期	shēngcúnqī	（名）	lifetime

第十三课 现在肿瘤太大了，不适合做手术切除

二、课文

<pre>
zhǐdǎo yīshēng — Zhōu Jiànguó
指导 医生——周 建国
shíxíshēng — Báiruìdì
实习生——白瑞蒂
zhǒngliú wàikē liùshí chuáng bìngrén — Liú Mínjiàn (nán, sìshíbā suì)
肿瘤 外科 60 床 病人——刘 民建（男，48 岁）
bìngrén jiāshǔ — Wáng Méiyīng (Liú Mínjiàn de qīzi)
病人 家属——王 梅英（刘 民建 的 妻子）
</pre>

1. 会话

白瑞蒂：刘先生，量体温的时间够了，给我看看。嗯，37.6℃，是低烧。

刘民建：最近都是低烧。对了，我这里怎么**老**是疼啊？

白瑞蒂：是怎么个疼法？

刘民建：不是刀割、针**扎**的那种疼，可是也疼得很厉害，右肩背也觉得疼，我真的**受不了了**。

白瑞蒂：您不要老想着疼的地方，可以看看电视或别的，转移一下儿**注意力**。

刘民建：我的肝有问题吗？

白瑞蒂：您以前得过肝病吗？

刘民建：十多年前查出携带**乙肝病毒**。

白瑞蒂：您喝酒吗？

刘民建：我太爱喝酒了。当时医生要我**戒**酒，可是我戒了十多天又喝上了。

白瑞蒂：长期大量喝酒对肝脏的**伤害**是很大的。

刘民建：唉！我**后悔**呀！
白瑞蒂：您也不要太着急，这样对治病不好。要保持**乐观**的情绪，好好儿配合医生的治疗。

Báiruìdì: Liú xiānsheng, liáng tǐwēn de shíjiān gòu le, gěi wǒ kànkan. Ǹg, sānshíqī diǎn liù shèshìdù, shì dīshāo.

Liú Mínjiàn: Zuìjìn dōushì dīshāo. Duì le, wǒ zhèli zěnme lǎoshì téng a?

Báiruìdì: Shì zěnme ge téngfǎ?

Liú Mínjiàn: Bú shì dāogē, zhēnzhā de nà zhǒng téng, kěshì yě téngde hěn lìhai, yòu jiānbèi yě juéde téng, wǒ zhēnde shòubuliǎo le.

Báiruìdì: Nín bú yào lǎo xiǎngzhe téng de dìfang, kěyǐ kànkan diànshì huò biéde, zhuǎnyí yíxiàr zhùyìlì.

Liú Mínjiàn: Wǒ de gān yǒu wèntí ma?

Báiruìdì: Nín yǐqián déguo gānbìng ma?

Liú Mínjiàn: Shí duō nián qián cháchū xiédài yǐgān bìngdú.

Báiruìdì: Nín hējiǔ ma?

Liú Mínjiàn: Wǒ tài ài hējiǔ le. Dāngshí yīshēng yào wǒ jièjiǔ, kěshì wǒ jièle shí duō tiān yòu hēshang le.

Báiruìdì: Chángqī dàliàng hējiǔ duì gānzàng de shānghài shì hěn dà de.

Liú Mínjiàn: Ài! Wǒ hòuhuǐ ya!

Báiruìdì: Nín yě bú yào tài zháojí, zhèyàng duì zhìbìng bù hǎo. Yào bǎochí lèguān de qíngxù, hǎohāor pèihé yīshēng de zhìliáo.

2. 会话（在办公室）

白瑞蒂：周老师，60床的病情还是不太乐观。
周建国：嗯。病人的肝区有直径12厘米的单个肿瘤，脾已经肿大了。
白瑞蒂：病人家属想早点儿做手术。
周建国：现在肿瘤比较大，他的肝功能也不太好，还有**肝硬化**，不太**适合**做手术切除。
白瑞蒂：那该怎么办呢？
周建国：可以先用西医的**介入化疗**或者伽马刀、**质子刀**进行放射治疗，同时配合中药治疗。
白瑞蒂：用这些方法治疗后肿瘤会缩小吗？

周建国：这可说不准，每个病人的情况都不同。
白瑞蒂：肿瘤缩小到什么**程度**可以手术切除呢？
周建国：如果直径缩小到 8 厘米以下，**仍然**可以考虑手术切除。
白瑞蒂：希望这位病人做了化疗或放疗后，肿瘤能够缩小。
周建国：这当然是最好的。你去把我的意见跟他的家属说一说吧。
白瑞蒂：好，我这就去。

Báiruìdì:	Zhōu lǎoshī, liùshì chuáng de bìngqíng háishi bú tài lèguān.
Zhōu Jiànguó:	Ǹg, bìngrén de gānqū yǒu zhíjìng shí'èr límǐ de dāngè zhǒngliú, pí yǐjīng zhǒngdà le.
Báiruìdì:	Bìngrén jiāshǔ xiǎng zǎo diǎnr zuò shǒushù.
Zhōu Jiànguó:	Xiànzài zhǒngliú bǐjiào dà, tā de gāngōngnéng yě bú tài hǎo, háiyǒu gānyìnghuà, bú tài shìhé zuò shǒushù qiēchú.
Báiruìdì:	Nà gāi zěnme bàn ne?
Zhōu Jiànguó:	Kěyǐ xiān yòng xīyī de jièrù huàliáo huòzhě gāmǎdāo, zhìzǐdāo jìnxíng fàngshè zhìliáo, tóngshí pèihé zhōngyào zhìliáo.
Báiruìdì:	Yòng zhèxiē fāngfǎ zhìliáo hòu zhǒngliú huì suōxiǎo ma?
Zhōu Jiànguó:	Zhè kě shuōbuzhǔn, měi ge bìngrén de qíngkuàng dōu bù tóng.
Báiruìdì:	Zhǒngliú suōxiǎo dào shénme chéngdù kěyǐ shǒushù qiēchú ne?
Zhōu Jiànguó:	Rúguǒ zhíjìng suōxiǎo dào bā límǐ yǐxià, réngrán kěyǐ kǎolǜ shǒushù qiēchú.
Báiruìdì:	Xīwàng zhè wèi bìngrén zuòle huàliáo huò fàngliáo hòu, zhǒngliú nénggòu suōxiǎo.
Zhōu Jiànguó:	Zhè dāngrán shì zuìhǎo de. Nǐ qù bǎ wǒ de yìjiàn gēn tā de jiāshǔ shuō yi shuō ba.
Báiruìdì:	Hǎo, wǒ zhè jiù qù.

3. 成段表达（白瑞蒂对王梅英说）

　　王阿姨，刚才我去问了刘大夫，他说您丈夫现在最好先不做手术。因为他肝区的肿瘤比较大，肝功能不太好，还有肝硬化，脾也肿大了，这说明他的病情比较重，肝癌已经是晚期了。从检查结果来看，他得的是**原发性肝癌**。您可能觉得很奇怪，为什么他以前没有什么症状，最近才感觉到肝区疼痛、食欲**减退**、乏力、**消瘦**，可是来医

院一检查就已经是肝癌晚期呢？这是因为原发性肝癌在早期一般没有什么临床症状，99%的患者都是在进行定期的身体检查时**偶然**发现的。等到出现肝区疼痛等症状到医院进行检查的时候，一般都已经是肝癌的中晚期了。不过您也不要太着急，刘大夫说现在先给他做介入化疗，同时配合中药治疗。如果效果好，肿瘤缩小到适合做手术的范围，仍然可以考虑手术切除。如果肿瘤不能缩小，就继续长期进行中药治疗。做化疗的这段时间病人是非常难受的，您一定要多鼓励他，稳定他的情绪，让他积极配合医生的治疗，这样才有希望帮助他**延长生存期**，提高生活质量。当然，您在他面前一定要保持乐观的情绪。

Wáng āyí, gāngcái wǒ qù wènle Liú dàifu, tā shuō nín zhàngfu xiànzài zuìhǎo xiān bú zuò shǒushù. Yīnwèi tā gānqū de zhǒngliú bǐjiào dà, gāngōngnéng bú tài hǎo, háiyǒu gānyìnghuà, pí yě zhǒngdà, zhè shuōmíng tā de bìngqíng bǐjiào zhòng, gān'ái yǐjīng shì wǎnqī le. Cóng jiǎnchá jiéguǒ láikàn, tā dé de shì yuánfāxìng gān'ái. Nín kěnéng juéde hěn qíguài, wèi shénme tā yǐqián méiyǒu shénme zhèngzhuàng, zuìjìn cái gǎnjué dào gānqū téngtòng, shíyù jiǎntuì, fálì, xiāoshòu, kěshì lái yīyuàn yì jiǎnchá jiù yǐjīng shì gān'ái wǎnqī ne? Zhè shì yīnwèi yuánfāxìng gān'ái zài zǎoqī yìbān méiyǒu shénme línchuáng zhèngzhuàng, bǎifēnzhī jiǔshíjiǔ de huànzhě dōushì zài jìnxíng dìngqī de shēntǐ jiǎnchá shí ǒurán fāxiàn de. Děngdào chūxiàn gānqū téngtòng děng zhèngzhuàng dào yīyuàn jìnxíng jiǎnchá de shíhou, yìbān dōu yǐjīng shì gān'ái de zhōng-wǎnqī le. Búguò nín yě bú yào tài zháojí, Liú dàifu shuō xiànzài xiān gěi tā zuò jièrù huàliáo, tóngshí pèihé zhōngyào zhìliáo. Rúguǒ xiàoguǒ hǎo, zhǒngliú suōxiǎo dào shìhé zuò shǒushù de fànwéi, réngrán kěyǐ kǎolǜ shǒushù qiēchú. Rúguǒ zhǒngliú bù néng suōxiǎo, jiù jìxù chángqī jìnxíng zhōngyào zhìliáo. Zuò huàliáo de zhè duàn shíjiān bìngrén shì fēicháng nánshòu de, nín yídìng yào duō gǔlì tā, wěndìng tā de qíngxù, ràng tā jījí pèihé yīshēng de zhìliáo, zhèyàng cái yǒu xīwàng bāngzhù tā yáncháng shēngcúnqī, tígāo shēnghuó zhìliàng. Dāngrán, nín zài tā miànqián yídìng yào bǎochí lèguān de qíngxù.

三、注释

1. 老 +v.

"老"用在动词前面,有"经常"、"时常"的意思。"老"和动词"是"连用,还有强调的意味。如:

"老" precedes the verb with the meaning "经常","时常". When used with the verb "是", it is used to emphasize. e.g.

(1) 我的腰~是疼。

(2) 她上课~迟到。

2. 受不了

固定结构。用法相当于动词,可带宾语。但口语中常把其所带的宾语变成小句放在句首,意思是不能忍受或接受某种不好的事情,如疾病、痛苦、不好的生活习惯、坏脾气等。前面常加"真"、"真是"、"实在"、"简直"等词语。如:

It is a set phrase with the same usage as a verb, which can also be followed by an object. In colloquial use, the object usually shows up as a short clause preceding the structure. It denotes that one cannot endure or accept the bad things, like disease, pain, bad habits, and ill temper and so on. "真", "真是", "实在", "简直" are often used before the structure for emphasis. For example:

(1) 他总是在办公室吸烟,我真~!

(2) 我的胃太疼了,实在~了!

3. 喝上 (v.+上)

"上"做趋向补语时,有时不表示动作的方向,而表示动作的结果或达到了目的。如:喝上—买上—考上—用上。常用于口语。如:

When "上" being used as a directional complement, it sometimes signifies the result of an action or the aim achieved rather than the direction of the movement. For example: "喝上—买上—考上—用上". It is often for colloquial use. e.g.

(1) 我戒了十多天酒又喝上了。

(2) 我弟弟去年终于考上了大学。

否定式是在动词与"上"之间加"不",构成"v. 不上";或者在动词前加"没",构成"没 v. 上"。如:

The negative form is to add "不" between the verb and "上" form the structure "v. 不上", or to add "没" before the verb to form another structure "没 v. 上". e.g.

(3) 他借了很多钱，一直还不上。
(4) 我弟弟去年没考上大学。

4. 适合—合适

两个词都表示符合某种实际情况或客观要求。但"适合"是动词，一般要带宾语，不能做定语；"合适"是形容词，不能带宾语，可以做定语。两个词不能互换。如：

The two words both indicate that things suit a certain situation or requirement. "适合", a verb to be followed by an object, cannot be used as an attributive; "合适", a adjective used as an attributive, cannot have an object. Two words cannot be replaced with each other. e.g.

(1) 这种情况不适合做手术。(×合适)
(2) 你穿这件衣服真合适。(×适合)
(3) 治疗这种病有没有更合适的方法？(×适合)

5. 介入化疗

化疗是治疗肿瘤的常用方法。一般方法是静脉注射或口服化疗药物。介入化疗的方法则是在医学影像设备的引导下，通过特制的导管、导丝等精密器械，把化疗药物直接注入肿瘤组织或肿瘤供血血管，对其进行局限性治疗。这种化疗技术特别适用于那些失去手术机会或不宜手术的肝、肺、胃、肾、盆腔、骨与软组织恶性肿瘤。

The chemotherapy is a common method to treat the tumor. The general method is the intravenous injection or oral administration chemotherapy medicine. The interventional chemotherapy is to inject the chemotherapy medicine directly into the tumor organization or the tumor blood supply blood vessel to do the limited treatment, under the guide of medical phantom equipment through the use of special-made catheter and guiding silk and so on. This kind of chemotherapy technology is especially suitable to those who cannot get a surgery or the tumor grows in liver, lung, kidney and other parts.

第十三课　现在肿瘤太大了，不适合做手术切除

6. 伽马刀、质子刀

伽马刀、质子刀都不是真正的手术刀。

The gamma knife and the proton knife are not genuine scalpels.

伽马刀是一种放射治疗设备，全称是"伽玛射线立体定向治疗系统"。其原理是将多束伽玛射线从不同方向通过人体在病变部位汇聚成焦点，达到摧毁病灶的治疗目的。每束射线的剂量都很小，基本上不会对它穿越的人体组织造成损害。

The gamma knife is a radiotherapy equipment with the complete name "伽玛射线立体定向治疗系统". Its principle is to destroy lesions by letting the Gamma ray gather from different directions in a spot through the human body. The dosage of each bunch of beam is very small. Basically it will do no harm to the body tissue.

质子是带有一个正电荷的粒子，是原子核的组成部分，用于放射治疗的质子经加速器加速到接近光速后用于治疗疾病。其速度极快，故在体内与正常组织或细胞发生作用的机会极低，当其到达癌细胞的特定部位时，速度降低，释放能量，将癌细胞杀死。

The proton, as an atomic nucleus constituent, has a positive charge granule, used in the radiotherapy to treat diseases when the speed of proton accelerating to the speed of light by the accelerator. With its extremely fast speed, it has low chance to affect the vivo and the normal tissue or cell. When it arrives at the specific spot of cancer cells, it will slow down and emit energy to kill the cancer cells.

伽马刀和质子刀都是不需要开刀、流血的无创治疗手段。因为其功能与手术刀相似而得名。

The gamma knife and the proton knife are both Noninvasive Treatment which don't need to operate without bleeding. Their names come from the fact that it has the similar function with the scalpel.

7. 说不准

短语，用于口语。做动词性短语时表示"不能肯定"、"还没决定"，在句子中做谓语。如：

This phrase is for colloquial use. It acts as the predicate in a sentence, meaning "not sure, not decided yet". e.g.

(1) 上午来还是下午来，我也~。

(2) 手术中会遇到什么问题，谁都~。

做副词性短语时，意思是"不一定，可能"，常跟"会"、"要"等能愿动词连

用,做状语。可放在能愿动词前面,也可放在主语前面。如:

When acting as an adverbial phrase, it indicates "maybe or not sure". It is often used with auxiliary verbs "会","要" to act as an adverbial, preceding the auxiliary verbs or after the subject. e.g.

(3) 今晚~要下雨。

(4) ~他会修电脑。

8. 这就去(这就+v.)

口语常用短语。"这",代词,意思是"现在"。"就",副词,表示动作在短时间内即将发生。"这就去"意思是"现在马上去"。这样的短语还有"这就来"、"这就吃"、"这就写"、"这就看"等。如:

It is a phrase commonly used in spoken language. "这", as a pronoun, means "now" or "immediately". "就", as an adverb, indicates that the action will occur in a short time. "这就去" means "I will go right away." Phrases like this can be found in "这就来","这就吃","这就写","这就看" and so on. e.g.

(1) 等一等,我这就去。

(2) A:饭都凉了,还不吃?

　　B:我这就吃。

四、练 习

1. 听与读

原发性肝癌	注意力	缩小	程度	仍然
继发性肝癌	免疫力	增大	轻度	偶然
良性肿瘤		肿大	过度	既然
恶性肿瘤	受不了			
	受得了			
代谢性酸中毒		减退	消瘦	生存期
窦性心律		减轻	消退	青春期
慢性肾小球肾炎	喝酒	减少	消炎	怀孕期
急性出血坏死性胰腺炎	戒酒	减弱	消肿	绝经期

第十三课　现在肿瘤太大了，不适合做手术切除

伽马刀	化疗	乙肝病毒	携带病毒
质子刀	介入化疗	肝功能	携带乙肝病毒
手术刀		肝区	携带 HIV 病毒
		肝癌	
		肝硬化	

2. 替换与扩展

(1) 我这里怎么老是疼啊？

我的眼睑	浮肿
我的膝关节	胀痛
你	戒不了酒
他	说不清楚

(2) A：我这里怎么老是疼啊？　　　B：是怎么个疼法？

这件事非常急啊！	急
他做得太过分了。	过分
这个手术比较复杂。	复杂
最近天气很潮湿。	潮湿

(3) 右肩背也觉得疼，我真的受不了了。

一吃东西就呕吐	实在
每天都躺在病床上不能动	真
化疗这么难受	快要
他情绪一激动就骂人	简直

(4) 当时医生要我戒酒，可是我戒了十多天又喝上了。

戒烟	戒了一个月	抽
不玩儿电子游戏	停了几天	玩儿
不吃海鲜	过了不久	吃
康复前不骑自行车	还没完全康复	骑

137

(5) 现在不太适合做手术切除。

> 进行介入化疗
> 中药治疗
> 服用优降糖
> 注射葡萄糖

(6) A：用了这些方法治疗后，肿瘤会缩小吗？　B：这可说不准。

> 吃了这些药以后，病就能好
> 手术切除后还会复发
> 急性阑尾炎会发生并发症
> 他得的是恶性肿瘤

> 我也
> 现在还
> 那可
> 检查结果出来前还

(7) A：你去把我的意见跟他的家属说一说吧。　B：好，我这就去。

> 先把患者的症状写在病历上
> 跟5床说说我们的治疗方案
> 先看看胸透的结果
> 快点儿喝了这碗中药

> 写
> 去
> 看
> 喝

3. 看汉字，写拼音

原发性肝癌 _____　　消瘦 _____　　偶然 _____

乙肝病毒 _____　　程度 _____　　乐观 _____

肝硬化 _____　　减退 _____　　延长 _____

生存期 _____　　戒 _____

4. 看拼音，写汉字

shòubuliǎo _____　　shìhé _____　　réngrán _____

shānghài _____　　hòuhuǐ _____　　zhùyìlì _____

5. 选择适当的词语填空（每个词语只能用一次）

（延长　受不了　戒　减退　携带　仍然　伤害　适合　消瘦　乐观）

(1) 我的右肩背疼得_____了。

(2) 检查结果显示这个病人的体内_____乙肝病毒。

(3) 病人的肝区有直径12厘米的单个肿瘤，脾也肿大了，不_____做手术切除。

(4) 8 床病情还没稳定,＿＿＿＿＿＿＿需要住院观察。

(5) 虽然生病了,也要保持＿＿＿＿＿＿＿的情绪,好好儿配合医生的治疗。

(6) 暴饮暴食对身体的＿＿＿＿＿＿＿是非常大的。

(7) 病人最近感觉到肝区疼痛,食欲＿＿＿＿＿＿＿。

(8) 我们要想办法提高癌症患者的生活质量,＿＿＿＿＿＿＿他们的生存期。

(9) 如果短时间内身体＿＿＿＿＿＿＿明显,最好到医院检查检查。

(10) 我已经＿＿＿＿＿＿＿酒十多年了,现在身体非常好。

6. 词语搭配

(1) ① 适合　　　A. 酒
　　② 转移　　　B. 治疗
　　③ 携带　　　C. 手术切除
　　④ 戒　　　　D. 生活质量
　　⑤ 配合　　　E. 乐观情绪
　　⑥ 发现　　　F. 乙肝病毒
　　⑦ 延长　　　G. 肿瘤
　　⑧ 提高　　　H. 生存期
　　⑨ 保持　　　I. 注意力

(2) ① 肝区　　　A. 肿大
　　② 食欲　　　B. 缩小
　　③ 肿瘤　　　C. 消瘦
　　④ 身体　　　D. 疼痛
　　⑤ 脾　　　　E. 减退

7. 两人一组完成下列对话并进行互相问答

(1) 医生：现在感觉怎么样？

　　病人：＿＿＿＿＿＿＿＿＿＿＿＿＿＿＿＿＿＿＿＿＿＿＿＿＿＿＿＿＿＿

　　医生：是怎么个疼法？

　　病人：＿＿＿＿＿＿＿＿＿＿＿＿＿＿＿＿＿＿＿＿＿＿＿＿＿＿＿＿＿＿

　　医生：你可以看看电视,转移一下儿注意力。

　　病人：＿＿＿＿＿＿＿＿＿＿＿＿＿＿＿＿＿＿＿＿＿＿＿＿＿＿＿＿＿＿

　　医生：你以前得过肝病吗？

　　病人：＿＿＿＿＿＿＿＿＿＿＿＿＿＿＿＿＿＿＿＿＿＿＿＿＿＿＿＿＿＿

　　医生：你喝酒吗？

　　病人：＿＿＿＿＿＿＿＿＿＿＿＿＿＿＿＿＿＿＿＿＿＿＿＿＿＿＿＿＿＿

　　医生：长期大量喝酒对肝脏的伤害是很大的。

(2) 指导医生：60 床情况怎么样了？

　　实习生：＿＿＿＿＿＿＿＿＿＿＿＿＿＿＿＿＿＿＿＿＿＿＿＿＿＿＿＿

　　指导医生：嗯。病人的肝区有直径 12 厘米的单个肿瘤,脾也肿大了。

实习生： 病人家属想早点儿做手术,可以吗?
指导医生：＿＿＿＿＿＿＿＿＿＿
实习生： 那该怎么办呢?
指导医生：＿＿＿＿＿＿＿＿＿＿
实习生： 用这些方法治疗后肿瘤会缩小吗?
指导医生：＿＿＿＿＿＿＿＿＿＿
实习生： 肿瘤缩小到什么程度可以手术切除呢?
指导医生：＿＿＿＿＿＿＿＿＿＿

8. **参考使用下列词语看图对话。**

场景提示：图1,在医生办公室,实习医生和指导医生的对话,讨论肝癌病人的病情。
图2,在医生办公室,实习生向病人家属解释患者病情和治疗方案。

(乏力　消瘦　肿瘤较大　介入化疗　放射治疗　缩小　程度　手术切除
稳定情绪　配合治疗　延长生存期)

附录：常用专业词语

黄疸	huángdǎn	icterus
肝昏迷	gānhūnmí	hepatic coma
病毒性肝炎	bìngdúxìng gānyán	virus hepatitis
肝功能衰竭	gāngōngnéng shuāijié	liver failure
肝功能代偿	gāngōngnéng dàicháng	liver function generation

第十四课　他要尽早接受手术治疗

一、生词语

1. 哑	yǎ	（形）	dumb
2. 同龄	tónglíng	（动）	the same age
3. 气喘吁吁	qìchuǎn xūxū		breathless
4. 超声心动图	chāoshēng xīndòngtú		echocardiogram
5. 肺动脉	fèidòngmài	（名）	pulmonary
6. 段	duàn	（名）	segment
7. 房间隔	fángjiāngé	（名）	atrial septum
8. 缺损	quēsǔn	（动）	to defect
9. 胸骨	xiōnggǔ	（名）	breastbone
10. 缘	yuán	（名）	edge
11. 收缩期	shōusuōqī	（名）	systole period
12. 先天性心脏病	xiāntiānxìng xīnzàngbìng		congenital heart disease
13. 因素	yīnsù	（名）	factor
14. 环境	huánjìng	（名）	environment
15. 遗传	yíchuán	（动）	to inherit
16. 风疹	fēngzhěn	（名）	rubella
17. 柯萨奇病毒	Kēsàqí bìngdú		Coxsackie Virus
18. 胎儿	tāi'ér	（名）	fetus
19. 发育	fāyù	（动）	to grow
20. 开胸	kāi xiōng		open thoracotomy
21. 介入疗法	jièrù liáofǎ		interventional therapy
22. 通知单	tōngzhīdān	（名）	requisition

二、课文

> zhǐdǎo yīshēng — Hè Dàshān
> 指导 医生——贺 大山
> shíxíshēng— Ābǔdùlā, Báiruìdì
> 实习生——阿卜杜拉、白瑞蒂
> xīnxiōng wàikē bìngrén jiāshǔ — Qín Lán (bìngrén de mǔqin)
> 心胸 外科 病人 家属——秦 兰（病人 的母亲）

1. 会话

白瑞蒂：阿卜杜拉,5床昨天来了一个小男孩,贺老师让我们去看看。

阿卜杜拉：好,那我们去看看吧。

秦　兰：医生,今天我的孩子还是咳嗽得很厉害,嗓子都有点儿哑了。

白瑞蒂：您知道门诊医生为什么让他住院吗？

秦　兰：医生说他的心脏有杂音。

阿卜杜拉：您的孩子多大了？

秦　兰：6岁了。

白瑞蒂：他看上去比同龄的孩子瘦小得多。

秦　兰：是啊。他从小身体就不好,经常咳嗽,容易出汗,身高、体重都比不上同龄的孩子。

阿卜杜拉：最近哪儿不舒服？

秦　兰：他最近没什么精神,动一下儿就气喘吁吁的,还常常觉得心慌、胸闷。

白瑞蒂：我再给他听听心肺。好了,让孩子先休息吧。

秦　兰：医生,他到底得了什么病啊？

阿卜杜拉：别着急,检查结果还没出来呢。

第十四课　他要尽早接受手术治疗

Báiruìdì: Ābǔdùlā, wǔ chuáng zuótiān láile yí ge xiǎo nánháir, Hè lǎoshī ràng wǒmen qù kànkan.

Ābǔdùlā: Hǎo, nà wǒmen qù kànkan ba.

Qín Lán: Yīshēng, jīntiān wǒ de háizi háishi késou de hěn lìhai, sǎngzi dōu yǒu diǎnr yǎ le.

Báiruìdì: Nín zhīdao ménzhěn yīshēng wèi shénme ràng tā zhùyuàn ma?

Qín Lán: Yīshēng shuō tā de xīnzàng yǒu záyīn.

Ābǔdùlā: Nín de háizi duō dà le?

Qín Lán: Liù suì le.

Báiruìdì: Tā kàn shangqu bǐ tónglíng de háizi shòuxiǎo de duō.

Qín Lán: Shì a. Tā cóngxiǎo shēntǐ jiù bù hǎo, jīngcháng késou, róngyì chūhàn, shēngāo, tǐzhòng dōu bǐbushàng tónglíng de háizi.

Ābǔdùlā: Zuìjìn nǎr bù shūfu?

Qín Lán: Tā zuìjìn méi shénme jīngshen, dòng yíxiàr jiù qìchuǎn xūxū de, hái chángcháng juéde xīnhuāng, xiōngmèn.

Báiruìdì: Wǒ zài gěi tā tīngting xīnfèi. Hǎo le, ràng háizi xiān xiūxi ba.

Qín Lán: Yīshēng, tā dàodǐ déle shénme bìng a?

Ābǔdùlā: Bié zháojí, jiǎnchá jiéguǒ hái méi chūlai ne.

2. 会话

阿卜杜拉：贺老师，5床病人的X线和**超声心动图**结果出来了。

贺大山：好，先看看X线片。

白瑞蒂：病人右心增大，**肺动脉段**明显突出。

贺大山：超声心动图呢？

阿卜杜拉：**房间隔有缺损**。

白瑞蒂：刚才听到他的**胸骨左缘**第二、三肋骨之间有**收缩期**杂音。

贺大山：根据这些情况，你们说这位病人得的是什么病？

阿卜杜拉：是**先天性心脏病**中的房间隔缺损吧？

贺大山：对。还记得引起这种病有哪些主要**因素**吗？

白瑞蒂：有**环境**因素和一定的**遗传**因素。

贺 大 山：环境因素主要有哪些？

阿卜杜拉：母亲在怀孕的时候受到病毒或细菌的感染，比如**风疹**病毒和**柯萨奇病毒**。

白 瑞 蒂：也可能是母亲怀孕的时候服用了一些影响**胎儿发育**的药物。

贺 大 山：不错，看来你们学习还是挺认真的！

Ābǔdùlā:	Hè lǎoshī, wǔ chuáng bìngrén de X-xiàn hé chāoshēng xīndòngtú jiéguǒ chūlai le.
Hè Dàshān:	Hǎo, xiān kànkan X-xiànpiàn.
Báiruìdì:	Bìngrén yòuxīn zēngdà, fèi dòngmàiduàn míngxiǎn tūchū.
Hè Dàshān:	Chāoshēng xīndòngtú ne?
Ābǔdùlā:	Fángjiāngé yǒu quēsǔn.
Báiruìdì:	Gāngcái tīngdào tā de xiōnggǔ zuǒyuán dì-èr, sān lèigǔ zhījiān yǒu shōusuōqī záyīn.
Hè Dàshān:	Gēnjù zhèxiē qíngkuàng, nǐmen shuō zhè wèi bìngrén dé de shì shénme bìng?
Ābǔdùlā:	Shì xiāntiānxìng xīnzàngbìng zhōng de fángjiāngé quēsǔn ba?
Hè Dàshān:	Duì. Hái jìde yǐnqǐ zhè zhǒng bìng yǒu nǎxiē zhǔyào yīnsù ma?
Báiruìdì:	Yǒu huánjìng yīnsù hé yídìng de yíchuán yīnsù.
Hè Dàshān:	Huánjìng yīnsù zhǔyào yǒu nǎxiē?
Ābǔdùlā:	Mǔqin zài huáiyùn de shíhou shòudào bìngdú huò xìjūn de gǎnrǎn, bǐrú fēngzhěn bìngdú hé Kēsàqí bìngdú.
Báiruìdì:	Yě kěnéng shì mǔqin huáiyùn de shíhou fúyòngle yìxiē yǐngxiǎng tāi'ér fāyù de yàowù.
Hè Dàshān:	Búcuò, kànlái nǐmen xuéxí háishi tǐng rènzhēn de.

3 成段表达 （阿卜杜拉对秦兰说）

秦阿姨，根据X线、超声心动图和其他的检查结果，现在可以确诊了，您儿子得的是先天性心脏病中的房间隔缺损。这可能是因为您在怀孕期间受到某些病毒或细菌的感染，也可能是您服用了某些药物，还可能有遗传方面的因素。这些都会影响到胎儿心血管的正常发育，不过这种病是可以根治的。根治的方法有两种，一种是开胸手术,一种是**介入疗法**。介入疗法比开胸手术创伤小,手术后恢复得也比较快,术后两天就可以出院了,一般不需要再吃药,治疗效果跟开胸手术完全一样。根据您孩子房间隔缺损的大小、位置和他的年龄等情况,贺医生说他适合使用介入疗法。如果您同意这个治疗方案的话,请在手术**通知单**上签字。介入疗法需要注意的是:手术前十到十二个小时不要喝水,手术后一个月、三个月、半年和一年,要到医院进行定期复查。您好好儿考虑一下儿,尽快给我们答复。

Qín āyí, gēnjù X-xiàn, chāoshēng xīndòngtú hé qítā de jiǎnchá jiéguǒ, xiànzài kěyǐ quèzhěn le, nín érzi dé de shì xiāntiānxìng xīnzàngbìng zhōng de fángjiāngé quēsǔn. Zhè kěnéng shì yīnwèi nín zài huáiyùn qījiān shòudào mǒuxiē bìngdú huò xìjūn de gǎnrǎn, yě kěnéng shì nín fúyòngle mǒuxiē yàowù, hái kěnéng yǒu yíchuán fāngmiàn de yīnsù. Zhèxiē dōu huì yǐngxiǎng dào tāi'ér xīnxuèguǎn de zhèngcháng fāyù, búguò zhè zhǒng bìng shì kěyǐ gēnzhì de. Gēnzhì de fāngfǎ yǒu liǎng zhǒng, yì zhǒng shì kāixiōng shǒushù, yì zhǒng shì jièrù liáofǎ. Jièrù liáofǎ bǐ kāixiōng shǒushù chuāngshāng xiǎo, shǒushù hòu huīfù de yě bǐjiào kuài, shùhòu liǎng tiān jiù kěyǐ chūyuàn le, yìbān bù xūyào zài chīyào, zhìliáo xiàoguǒ gēn kāixiōng shǒushù wánquán yíyàng. Gēnjù nín háizi fángjiāngé quēsǔn de dàxiǎo, wèizhì hé tā de niánlíng děng qíngkuàng, Hè yīshēng shuō tā shìhé shǐyòng jièrù liáofǎ. Rúguǒ nín tóngyì zhè ge zhìliáo fāng'àn dehuà, qǐng zài shǒushù tōngzhīdān shang qiānzì. Jièrù liáofǎ xūyào zhùyì de shì: shǒushù qián shí dào shí'èr ge xiǎoshí bú yào hēshuǐ, shǒushù hòu yí ge yuè, sān ge yuè, bàn nián hé yì nián, yào dào yīyuàn jìnxíng dìngqī fùchá. Nín hǎohāor kǎolǜ yíxiàr, jǐnkuài gěi wǒmen dáfù.

三、注 释

1. 超声心动图

应用超声波回声原理检查心血管疾病的一种无创性检查方法。目前较常用的有 M 型超声、二维超声、脉冲多普勒超声及彩色多普勒超声。

Echocardiogram, based on the ultrasonic echo theory, is a non-wound test for cardiovascular disease. Commonly-used at present includes M-mode echocardiography (ME), cross-sectional echocardiography, pulse Doppler echocardiography, and the color Doppler echocardiography (CDE).

2. 肺动脉

肺动脉是心脏的右心室连接肺脏的一条动脉。肺动脉在肺部分散成无数毛细血管网包围着肺泡。

Pulmonary artery is an artery in the right ventricle of the heart in connection with the lung. It scatters into countless capillaries, like a net around the alveolus.

3. 房间隔缺损

在胚胎发育的第 4 周末,原始心腔开始分隔为四个房室腔——左、右心房和左、右心室。其中左、右心房被一层隔膜组织分开而互不相通,这层隔膜称为房间隔。

At the end of the fourth week of embryo development, the original heart cavity is divided into 4 atrioventricular cavities—the left and right atrium and the left and right ventricle. Left atrium and right atrium are separated by a layer of dissepiment, called atrial septal.

如果胎儿心脏在发育时出现异常,左、右心房之间仍残留未能完全闭合的房间孔,左、右心房仍能相通,则称为房间隔缺损。

If there is something wrong with the embryo's heart development, the hole between left and right atrium remains and cannot be fully closed, however, the left and right atrium can still be connected, it is called atrial septal defect.

4. 收缩期杂音

心脏正常跳动的声音叫心音。每一个心动周期可产生四个心音,一般能听到的是第一和第二心音。心脏杂音是与正常心音毫不相同的一种杂乱的声音,它可以发生在第一心音与第二心音之间的心室收缩周期,称为收缩期杂音;也可以发生在第二心音与下一个第一心音之间的心室舒张周期,称为舒张期杂音;还可以连续发生在收缩期与舒张期,称为连续性杂音。正常人也会产生收缩期杂音,但这种杂音像柔和的风吹过一样,时间也比较短,属于正常的生理性杂音。在儿童与青少年中,如果听诊时听到胸骨左边缘第二、三肋骨间有粗糙的吹风样收缩期杂音,则可能是房间隔缺损。第三、四肋间的这种杂音,可能为室间隔缺损;左侧第二肋间像机器一样的连续性杂音,可能存在动脉导管未闭。当然还需要进一步做超声心动图、X 光、心电图,甚至通过心导管及心血管造影等检查才能确诊。

The sound of the heart beating is called heart sound. Every heart beat circle can produce four heart sounds, and the first and second one can be heard often. The heart murmur, a souffle totally different from the heart sound, can happen in the ventricular contraction cycle between the first and the second heart sound. The sound like this is called systolic murmur. It also happens in the ventricular diastolic cycle between the second heart sound and the next first one, which is called diastolic murmur. It can also happens in contraction cycle and diastolic cycle continuously, which is called continuous murmur. The systolic murmur can also be found in healthy people, but it is just like a soft breeze and will not last long, usually considered as normal physiological murmur. Among children and youth, if rough and wind-like systolic murmur between the second and the third rib on the left of breastbone can be heard, it may result from atrial septal defect. If it happens between the third and fourth rib, then it may be ventricle septal defect. And if it is machine-like and continuous murmur, it may result from the fact that the artery catheter is not closed. However, extra tests such as echocardiogram, X-ray, cardiogram, even imaging through the cardiac catheterization and cardiovascular and so on should be done before diagnosis.

5. 先天性心脏病

先天性疾病是胎儿从母体带出来的病。病因与母亲在怀孕期间接触的环境有关。如母亲怀孕时接触过农药、有机溶剂、重金属等化学品,或过量暴露在各种射线下,或服用某些药物,或染上某些病菌,甚至孕妇的一些习惯爱好(如桑拿)和饮食癖好,都可能引起胎儿先天异常,使其出生后患先天性疾病。

Congenital heart disease is a born disease, which may result from the environment the mother exposed to. For example, pesticides, organic solvent, heavy metal and other chemicals, or excessive exposure in different rays, or drugs she have taken, or the infected virus, or even some mothers' hobbies (such as Sauna bath) and eating habits. All of these factors contribute to fetal congenital anomalies and would make the baby suffer from congenital disease after birth.

先天性心脏病简称先心病,是先天性疾病的一种。其病因除上述因素外,还可能有遗传的因素。具体表现为心脏局部解剖结构异常。除个别患者在5岁前有自愈的机会外,绝大多数需要手术治疗。

Congenital heart disease, one of congenital diseases, is "先心病"(CHD) in short. Besides, genetic factors can also be included. Its symptoms can be seen in an abnormal heart local anatomical structure. Except some patients can recover without treatment before 5 years old. Most of the them need surgical treatment.

6. 风疹

风疹是儿童常见的一种呼吸道传染病，由风疹病毒引起，一般通过飞沫传播，患者多是1~5岁的儿童。孕妇(4个月内的早期妊娠)如果感染了风疹病毒，可能会引起胎儿先天性疾病，如失明、先天性心脏病、耳聋和小头畸形等。

Rubella, caused by rubella, is a kind of respiratory infection commonly seen in children. It generally spreads through sprays, the sufferers are often children from one to five years old. If the pregnant woman in her first four-month pregnancy is infected by rubella virus, it may make the embryo suffer from congenital disease, such as blindness, congenital heart disease, deaf or head deformities and so on.

7. 柯萨奇病毒

柯萨奇病毒是一种肠病毒，经呼吸道和消化道感染人体。人感染该病毒后会出现发热、打喷嚏、咳嗽等感冒症状。如果抵抗力弱的话，就容易患上心肌炎、脑膜炎、肌无力等疾病。孕妇感染该病毒可传给胎儿，并可能引起胎儿患先天性心脏病等。

Coxsackie virus, an intestinal virus, infects the human through respiratory and digestive tracts. People infected with the virus will have fever, sneezing, coughing and other flu-like symptoms. It is very easy to suffer from myocarditis, meningitis, myasthenia and other diseases for people with weak immune system. Pregnant women infected with the virus might pass it to the embryo and make the embryo to suffer from congenital heart disease.

8. 介入疗法

介入疗法又称微创治疗，是应用于外科的一种新型治疗方法。它利用X线透视、CT定位、B型超声仪等医疗影像设备做导向，将特制的导管或器械"介入"到人体的血管、消化道和其他特定部位进行各种特殊的治疗。与普通的外科手术相比，一些疾病采用介入疗法，损伤小(其介入导管的口子一般不到米粒大)，副作用和并发症也比较少。但能否采用介入疗法进行治疗，还要看患者的具体情况而定，介入疗法并不能代替所有的外科手术。

Interventional therapy is also called minimally invasive treatment, a new treatment applied to surgery. With the guide of X-ray fluoroscopy, CT location,

B-ultrasound medical imaging equipment and so on, it interposes the special-made catheter or device to the blood vessels, digestive tract and other specific locations to carry out special treatment. Compared with the common surgery operation, the wound caused by interventional therapy is smaller (the interposition catheter opening is generally no bigger than a rice), and the side effects and the complications are very few. Whether interventional therapy should be applied depends on the patient, in other words, interventional therapy cannot replace all the surgery operations.

9. 请在手术通知单上签字(在……上)

介词短语"在……上"用在动词前,可以表示动作的处所。如:

"在……上" used before a verb is a prepositional phrase to indicate the location of the action. E.g.

(1) 你要在病历上写清楚患者的症状。

(2) 她还在病床上睡觉呢。

四、练 习

1. 听与读

体重	超声心动图	增大	肺动脉
体温	心电图	增厚	肺动脉段
体征	B超	增生	肺动脉段突出
体外	彩超		静脉
体检		人体	脉搏
	房间隔	肢体	
	房间隔缺损		

胸骨	杂音	病毒	疗法
桡骨	收缩期杂音	风疹病毒	介入疗法
尺骨		柯萨奇病毒	介入化疗
软骨	因素	乙肝病毒	
肋骨	环境因素	病毒唑	单
	遗传因素		通知单
骨髓		缘	化验单
骨折		边缘	检查单
骨质		左缘	
骨关节		右缘	
骨转移		胸骨左缘	

2. 替换与扩展

(1) 他咳嗽得很厉害,嗓子都有点儿哑了。

烧
疼
浮肿
抖

开始说胡话
全身都冒冷汗
眼睛都睁不开
手都不能写字

(2) 他最近没什么精神,动一下儿就气喘吁吁的。

吃一点儿东西
走几步
站一会儿

呕吐
很累
冒冷汗

(3) 根据这些情况,你们说这位病人得的是什么病?

这些症状
超声心动图
血像
直肠指诊

第十四课　他要尽早接受手术治疗

(4) 根据 X 线、超声心动图和其他检查结果，现在可以确诊您儿子得的是<u>先天性心脏病</u>中的<u>房间隔缺损</u>。

病人的主诉、体征和各项
B 超、腹部 CT
病人的症状和血常规、骨髓涂片的
各项身体检查和甲状腺功能

急性胰腺炎
胆结石和胆囊炎
急性白血病
甲亢

(5) 这些都会影响到胎儿<u>心血管</u>的正常发育。

大脑
心脏
四肢
呼吸器官

(6) 请在<u>手术通知单</u>上签字。

麦氏点
静脉
化验单
额头

做叩诊
注射葡萄糖
写出化验结果
放个冰袋

3. 看汉字，写拼音

收缩期 ＿＿＿＿＿　　风疹 ＿＿＿＿＿　　柯萨奇病毒 ＿＿＿＿＿

肺动脉 ＿＿＿＿＿　　胸骨 ＿＿＿＿＿　　介入疗法 ＿＿＿＿＿

通知单 ＿＿＿＿＿　　缺损 ＿＿＿＿＿　　缘 ＿＿＿＿＿

超声心动图 ＿＿＿＿＿

4. 看拼音，写汉字

tónglíng ＿＿＿＿＿　　fāyù ＿＿＿＿＿　　yíchuán ＿＿＿＿＿

tāi'ér ＿＿＿＿＿　　yīnsù ＿＿＿＿＿　　huánjìng ＿＿＿＿＿

qìchuǎn xūxū ＿＿＿＿＿　　xiāntiānxìng ＿＿＿＿＿

5. 词语搭配(可多选)

（1）房间隔　　　　A. 增加
（2）体重　　　　　B. 哑
（3）肺动脉段　　　C. 发育
（4）右心　　　　　D. 突出
（5）胎儿　　　　　E. 缺损
（6）嗓子　　　　　F. 增大

6. 替换画线部分词语,并将句子补充完整

<u>介入疗法</u>需要注意的是：→ 介入疗法需要注意的是：手术前十到十二个小时不要喝水。

哮喘病人 → _____

冠心病人 → _____

糖尿病人 → _____

甲亢病人 → _____

7. 选择合适的词语填空(每个词语只能用一次)

(缘　遗传因素　房间隔　同龄　介入疗法　通知单　哑　气喘吁吁　发育环境)

（1）今天陈老师上了一天的课,嗓子都_____了。
（2）他很瘦小,身高、体重都比不上_____的孩子。
（3）他刚刚从楼下跑上10楼来,现在还_____的。
（4）阿卜杜拉,病人现在要马上做手术,你快去找病人家属在手术_____上签字吧。
（5）母亲在怀孕的时候受风疹病毒的感染,会影响胎儿的_____。
（6）您的病可以采用_____,这种手术恢复得比较快,术后两天就可以出院了。
（7）听诊时发现患者胸骨左_____第二、三肋骨之间有收缩期杂音。
（8）超声心动图显示他的_____有缺损。
（9）_____也可能会引起先天性心脏病。
（10）这个城市的树和花都很多,马路非常干净,_____优美。

8. 两人一组完成下列对话并进行互相问答

（1）指导医生：5床的小男孩今天情况怎么样？
　　实习生：他妈妈说他咳嗽_____,嗓子_____。

第十四课　他要尽早接受手术治疗

指导医生：_____和_____结果出来了没有？

实习生：出来了。

指导医生：好，先看看 X 线片。

实习生：病人右心_____，肺动脉段_____。

指导医生：超声心动图呢？

实习生：_____。

指导医生：听诊的情况怎么样？

实习生：胸骨左缘第二、三肋骨之间有_____。

指导医生：根据这些情况，你们认为病人得的是什么病？

实习生：应该是_____吧。

(2) 病人家属：医生，我儿子到底得了什么病啊？

实习生：根据_____、_____和_____，可以确诊您儿子得的是先天性心脏病中的房间隔缺损。

病人家属：_____？

实习生：可能因为您在怀孕期间受到_____或_____的感染，也可能是您服用了某些药物，还可能有_____的因素。

病人家属：_____？

实习生：这种病是可以根治的。主要有两种根治方法，一种是_____，另一种是_____。

病人家属：这两种方法有什么不同？

实习生：_____。

病人家属：我的孩子适合哪一种疗法？

实习生：根据您孩子房间隔缺损的_____、_____和他的年龄等情况，我们建议使用_____。

9. 参考下列词语看图说话

场景提示：图1，在病房。6岁的患者躺在床上，他的妈妈坐在旁边，实习生给患者做胸部听诊，询问病情。

图2，在医生办公室。指导医生坐在办公桌前，实习生手拿X线和超声心动图的结果站在旁边，回答指导医生关于检查结果和病因等问题。

（嗓子哑　收缩期杂音　体重　气喘吁吁　肺动脉段　房间隔　胸骨　先天性心脏病　因素　风疹　科萨奇病毒　发育）

附录：常用专业词语

房间隔缺损	fángjiāngé quēsǔn	atrial septal defect
室间隔缺损	shìjiāngé quēsǔn	ventricular septal defect (VSD)
动脉导管未闭	dòngmài dǎoguǎn wèibì	patent ductus arteriosis
肺动脉瓣狭窄	fèidòngmàibàn xiázhǎi	pulmonary stenosis
法洛四联症	fǎluòsìliánzhèng	tetralogy of Fallot (TOF)
大血管错位	dàxuèguǎn cuòwèi	transposition of the great vessels
彩色多普勒超声心动图	cǎisè duōpǔlè chāoshēng xīndòngtú	color Doppler echocardiogram (CDE)
心血管造影	xīnxuèguǎn zàoyǐng	cardio-angiography (CAG)

第十五课 老年人容易发生骨折

一、生词语

1. 潴留	zhūliú	（名）	retention
2. 胸壁	xiōngbì	（名）	thoracic wall
3. 闭合性骨折	bìhéxìng gǔzhé		closed fracture
4. 断	duàn	（动）	to break
5. 移位	yíwèi	（动）	to move; to shift
6. 好在	hǎozài	（副）	fortunately
7. 错位	cuòwèi	（动）	to allotopia
8. 破	pò	（动）	break
9. 胸膜	xiōngmó	（名）	pleura
10. 及	jí	（动）	to reach
11. 血胸	xuèxiōng	（名）	hemothorax
12. 气胸	qìxiōng	（名）	pneumothorax
13. 甚至	shènzhì	（副）	even
14. 喘不过气来	chuǎnbúguoqìlai		breathless
15. (骨质)疏松	(gǔzhì) shūsōng		osteoporosis
16. 摔跤	shuāijiāo	（动）	to tumble
17. 愈合	yùhé	（动）	heal up
18. 镇痛药	zhèntòngyào	（名）	analgesic
19. 胸廓	xiōngkuò	（名）	thoracic
20. 肺不张	fèibùzhāng	（名）	atelectasis
21. 补	bǔ	（动）	make up
22. 单独	dāndú	（副）	alone
23. 意外	yìwài	（名）	accident

二、课文

zhǐdǎo yīshēng — Táo Chūnlín
指导 医生——陶 春林

shíxíshēng— Ābǔdùlā
实习生——阿卜杜拉

gǔkē sìshíwǔ chuáng bìngrén — Lǐ Huá (nǚ, liùshíliù suì)
骨科 45 床 病人——李华（女，66 岁）

bìngrén jiāshǔ — Wáng Fèngqín (bìngrén de nǚ'ér, sìshí suì)
病人 家属—— 王 凤琴 （病人 的 女儿，40 岁）

1 会话

阿卜杜拉：陶老师，45床的病历我看过了，她是肋骨骨折。

陶 春 林：什么原因引起的？

阿卜杜拉：被自行车撞倒引起的。

陶 春 林：有些什么症状？

阿卜杜拉：门诊病历上说主要是胸痛，深呼吸时胸痛更明显，呼吸变浅。

陶 春 林：呼吸道的情况怎么样？

阿卜杜拉：病人主诉有痰，但因为怕疼不敢咳嗽。门诊检查发现呼吸道分泌物**潴留**。

陶 春 林：门诊拍的X线片呢？

阿卜杜拉：在这儿呢！

陶 春 林：你看，**胸壁有畸形**，是右侧第四、五肋骨闭合性骨折。

阿卜杜拉：陶老师，**断端**这里是不是有点儿向内**移位**了？

陶 春 林：是。**好在错位**不是很严重，没有刺**破胸膜**。

阿卜杜拉：如果刺破胸膜，就会伤及肺组织了，对吗？

陶春林：对，那样就会产生血胸、气胸甚至更严重的后果。走，我们去看看她。

Ābǔdùlā: Táo lǎoshī, sìshíwǔ chuáng de bìnglì wǒ kànguo le, tā shì lèigǔ gǔzhé.

Táo Chūnlín: Shénme yuányīn yǐnqǐ de?

Ābǔdùlā: Bèi zìxíngchē zhuàngdǎo yǐnqǐ de.

Táo Chūnlín: Yǒuxiē shénme zhèngzhuàng?

Ābǔdùlā: Ménzhěn bìnglì shang shuō zhǔyào shì xiōngtòng, shēnhūxī shí xiōngtòng gèng míngxiǎn, hūxī biànqiǎn.

Táo Chūnlín: Hūxīdào de qíngkuàng zěnmeyàng?

Ābǔdùlā: Bìngrén zhǔsù yǒu tán, dàn yīnwèi pà téng bù gǎn késou. Ménzhěn jiǎnchá fāxiàn hūxīdào fēnmìwù zhūliú.

Táo Chūnlín: Ménzhěn pāi de X-xiànpiàn ne?

Ābǔdùlā: Zài zhèr ne.

Táo Chūnlín: Nǐ kàn, xiōngbì yǒu jīxíng, shì yòucè dì-sì, wǔ lèigǔ bìhéxìng gǔzhé.

Ābǔdùlā: Táo lǎoshī, duānduān zhèli shì bu shì yǒu diǎnr xiàng nèi yíwèi le?

Táo Chūnlín: Shì. Hǎozài cuòwèi bú shì hěn yánzhòng, méiyǒu cìpò xiōngmó.

Ābǔdùlā: Rúguǒ cìpò xiōngmó, jiù huì shāngjí fèizǔzhī le, duì ma?

Táo Chūnlín: Duì, nàyàng jiù huì chǎnshēng xuèxiōng, qìxiōng shènzhì gèng yánzhòng de hòuguǒ. Zǒu, wǒmen qù kànkan tā.

2. 会话

李　　华：哎哟，哎哟……

陶春林：阿姨，您怎么了？

王凤琴：我妈妈胸口疼得喘不过气来。

阿卜杜拉：她肋骨骨折了，所以胸口比较疼。

王凤琴：骨折？怎么被自行车撞了一下儿就会骨折呢？

陶春林：老年人的骨质比较疏松，被撞和摔跤都容易发生骨折。

王凤琴：我妈是哪里的肋骨断了？

阿卜杜拉：是右侧第四和第五根肋骨。

王凤琴：我妈年纪这么大了，还能治好吗？

陶春林：别担心，肋骨骨折一般会自己愈合的。
阿卜杜拉：阿姨，您觉得痰多吗？
李　　华：多啊！可是我不敢咳嗽，一咳嗽胸口就疼得受不了。
陶春林：我先给您开些**镇痛药**。阿卜杜拉，你帮阿姨固定**胸廓**。
阿卜杜拉：好。阿姨，胸廓固定好了，这样您会觉得没那么疼了。
陶春林：阿姨，您要尽量把痰排出来啊！

Lǐ Huá: Āiyō, āiyo...
Táo Chūnlín: Āyí, nín zěnme le?
Wáng Fèngqín: Wǒ māma xiōngkǒu téng de chuǎnbúguoqìlai.
Ābǔdùlā: Tā lèigǔ gǔzhé le, suǒyǐ xiōngkǒu bǐjiào téng.
Wáng Fèngqín: Gǔzhé? Zěnme bèi zìxíngchē zhuàngle yíxiàr jiù huì gǔzhé ne?
Táo Chūnlín: Lǎoniánrén de gǔzhì bǐjiào shūsōng, bèi zhuàng hé shuāijiāo dōu róngyì fāshēng gǔzhé.
Wáng Fèngqín: Wǒ mā shì nǎli de lèigǔ duàn le?
Ābǔdùlā: Shì yòucè dì-sì hé dì-wǔ gēn lèigǔ.
Wáng Fèngqín: Wǒ mā niánjì zhème dà le, hái néng zhìhǎo ma?
Táo Chūnlín: Bié dānxīn, lèigǔ gǔzhé yìbān huì zìjǐ yùhé de.
Ābǔdùlā: Āyí, nín juéde tán duō ma?
Lǐ Huá: Duō a! Kěshì wǒ bù gǎn késou, yì késou xiōngkǒu jiù téng de shòubuliǎo.
Táo Chūnlín: Wǒ xiān gěi nín kāi xiē zhèntòngyào. Ābǔdùlā, nǐ bāng āyí gùdìng xiōngkuò.
Ābǔdùlā: Hǎo. Āyí xiōngkuò gùdìng hǎo le, zhèyàng nín huì juéde méi nàme téng le.
Táo Chūnlín: Āyí, nín yào jǐnliàng bǎ tán pái chulai a.

3. 成段表达（阿卜杜拉对王凤琴说）

　　王女士，请您不用太担心，您母亲的肋骨骨折不严重，断端只是有点儿错位，没有刺破胸膜，没有伤及肺组织。刚才您母亲已经吃了镇痛药，胸廓也固定好了，这样她的疼痛会大大减轻。但是她的呼吸道里痰比较多，这些痰不排出来的话，容易导致**肺不张**和肺部感染等并发症。病人可能会因为怕疼而不敢咳嗽，所以您要鼓励她克服疼痛，通过咳嗽把痰排出来。还要让她多喝水，这样也可以帮助排痰。过几天您母亲胸口没那么疼了，就让她尽早下床活动，这对她的身体恢复有好处。老年人的骨质比较疏松，容易发生骨折。所以要注意补钙，增强骨质，预防骨折。您可以让她多喝牛奶，牛奶含钙比较高，而且人体也比较容易吸收。出院后，最好不要让她**单独**出门。老年人反应慢，行动也不方便，单独出门容易发生**意外**。

Wáng nǚshì, qǐng nín bú yòng tài dānxīn, nín mǔqin de lèigǔ gǔzhé bù yánzhòng, duànduān zhǐshì yǒu diǎnr cuòwèi, méiyǒu cìpò xiōngmó, méiyǒu shāngjí fèizǔzhī. Gāngcái nín mǔqin yǐjīng chīle zhèntòngyào, xiōngkuò yě gùdìng hǎo le, zhèyàng tā de téngtòng huì dàdà jiǎnqīng. Dànshì tā de hūxīdào li tán bǐjiào duō, zhèxiē tán bù pái chulai dehuà, róngyì dǎozhì fèibùzhāng hé fèibù gǎnrǎn děng bìngfāzhèng. Bìngrén kěnéng huì yīnwèi pà téng ér bù gǎn késou, suǒyǐ nín yào gǔlì tā kèfú téngtòng, tōngguò késou bǎ tán pái chulai. Háiyào ràng tā duō hēshuǐ, zhèyàng yě kěyǐ bāngzhù páitán. Guò jǐ tiān nín mǔqin xiōngkǒu méi nàme téng le, jiù ràng tā jǐnzǎo xiàchuáng huódòng, zhè duì tā de shēntǐ huīfù yǒu hǎochù. Lǎoniánrén de gǔzhì bǐjiào shūsōng, róngyì fāshēng gǔzhé. Suǒyǐ yào zhùyì bǔgài, zēngqiáng gǔzhì, yùfáng gúzhé. Nín kěyǐ ràng tā duō hē niúnǎi, niúnǎi hán gài bǐjiào gāo, érqiě réntǐ yě bǐjiào róngyì xīshōu. Chūyuàn hòu, zuìhǎo bú yào ràng tā dāndú chūmén. Lǎoniánrén fǎnyìng màn, xíngdòng yě bù fāngbiàn, dāndú chūmén róngyì fāshēng yìwài.

三、注 释

1. 闭合性骨折

闭合性骨折指骨折断端不与外界相通，没有外伤的骨折。这种骨折一般来说软组织受伤较轻，愈合较快。

The closed fracture refers to the fracture with the broken end disconnected with the outside without sign of trauma. This kind of fracture generally heals fast because the soft tissue is only slightly injured.

2. 好在

副词。用在分句的开头，引出有利的条件或情况。如：

It's an adverb preceding the clause to introduce the good situation. For example:

（1）好在错位不是很严重,没有刺破胸膜。

（2）她的伤口很痛,好在我们有镇痛药。

3. 血胸

胸膜腔积聚血液称为血胸。血胸在胸部创伤病人中较常见。

The pleural cavity agglomeration blood is called the hemothorax. The hemothorax is common for patients with chest wound.

4. 气胸

胸膜腔是不含空气的密闭性腔隙,如果胸膜破裂,使空气进入胸膜腔,就称为气胸。气胸会导致不同程度的肺、心功能障碍。血胸常常与气胸同时发生,称血气胸。

Pleural cavity is a cavity crack without air. If the pleural membrane bursts and the air enters the pleural cavity, it is called pneumothorax. The pneumothorax may cause lung or heart dysfunction. Hemothorax often co-occurs with pneumothorax, which is called hemopneumothorax.

5. 甚至

连词,放在并列成分的最后一项之前,表示强调这一项。如:

"甚至" is a conjunction, used before the last item of the juxtaposed components for emphasis. For example:

（1）那样就会产生血胸、气胸甚至更严重的后果。

（2）阿卜杜拉喜欢体育活动,他常常打球、跑步、爬山,甚至冬泳。

6. 怎么 A 就会 B 呢?

A 表示表面上的原因,B 表示结果。当不明白为什么 A 会引起 B 这一结果时,常用这个句型来询问,意思跟"为什么 A 就会 B 呢"相同。如:

A refers to the superficial reason, B denotes the result. When one doesn't understand why A will cause the result B, he/she would use this sentence to inquire. It has the same meaning as: "为什么 A 就会 B 呢？" For example:

（1）怎么被自行车撞了一下就会骨折呢? =为什么被自行车撞了一下就会骨折呢?

(2) 怎么年纪大了就会骨质疏松呢？=为什么年纪大了就会骨质疏松呢？

7. 骨质疏松

骨质疏松(Osteoporosis 简称 OP)是一种全身性骨骼疾病。其特征是骨量减少，骨组织微观结构退化，从而导致骨脆性和骨折危险性增加。

The osteoporosis (Osteoporosis is short for OP) is a whole-body skeletal disease. Its characteristics include reduction of bone quantity, degeneration of microscopic structure of bone tissue, which would result in bone brittleness and increase of the fracture risk.

8. 肺不张

这是由多种原因引起的一种病症。特点是全肺或部分肺呈萎缩和无气状态，以致失去呼吸功能。

It is a symptom caused by many reasons. It's featured by the atrophy of the entire lung or part of lung atrophy with the airless state, which would cause the breath failure.

四、练 习

1. 听与读

胸壁	骨科	分泌物	补钙	喘不过气来
胸膜	骨折	碳水化合物	补充	气喘吁吁
胸廓	肋骨骨折	谷物	修补	喘气
胸口	闭合性骨折	药物		
胸椎	骨质疏松			
胸骨		部位	单独	
胸闷	肺	错位	好在	
胸片	肺炎	移位	甚至	
胸透	肺癌	复位	只是	
气胸	肺不张	定位	而且	
血胸			反而	
开胸			万一	

2. 替换与扩展

(1) 好在错位不严重,没有刺破胸膜。

> 只是支气管炎
> 抢救及时
> 肿瘤还比较小
> 手术很成功

> 其他并发症
> 发生意外
> 发生骨转移
> 留下明显的疤痕

(2) 如果刺破胸膜,就会伤及肺组织了。

> 发生骨质疏松
> 服了镇痛药
> 错位很严重
> 呼吸道里的痰排不出

> 容易骨折
> 不会很痛了
> 会刺破胸膜
> 容易导致肺不张

(3) 那样就会产生气胸、血胸甚至更严重的后果。

> 头疼、咳嗽
> 引起中耳炎反复发作
> 使尿酸升高
> 觉得饥饿、心慌

> 发烧
> 引起脑脓肿
> 形成结石
> 发生低血糖昏迷

(4) 怎么被自行车撞了一下儿就会骨折呢?

> 年纪大了
> 患慢性肾小球肾炎的病人
> 情绪激动
> 喝了一杯酒

> 骨质疏松
> 眼睑浮肿
> 胸口疼
> 吐血不止

(5) 这对他的身体恢复有好处。

> 手术后的康复
> 防止骨折发生
> 治疗骨质疏松
> 控制病情

3. 看汉字,写拼音

分泌物 _____　　愈合 _____　　潴留 _____

胸壁 _____　　胸廓 _____　　移位 _____

第十五课 老年人容易发生骨折

闭合性骨折 _____ 骨质疏松 _____
喘不过气来 _____ 镇痛药 _____

4. 看拼音,写汉字

qìxiōng _____ yìwài _____ hǎozài _____

shènzhì _____ dāndú _____ pò _____

5. 选择合适的词语填空(每个词语只能用一次)

(愈合 镇痛药 骨质疏松 肺不张 好在 补 意外 喘不过气来 甚至 闭合性骨折)

(1) 从X线片来看,患者胸壁有畸形,是右侧第四、五肋骨_____。
(2) 刚才我咳嗽得很厉害,差点儿_____。
(3) 这是左下第八前肋肋骨骨折,_____断端错位不严重。
(4) 老年人_____,所以容易摔跤、骨折。
(5) 多喝牛奶可以_____钙,增强骨质,预防骨折。
(6) 服了_____后,疼痛会减轻。
(7) 暴饮暴食对身体伤害很大,_____会引起急性胰腺炎。
(8) 如果痰排不出来,容易引起_____和其他肺部感染。
(9) 肋骨闭合性骨折一般会自己_____。
(10) 老人单独出门容易发生_____。

6. 词语搭配(可多选)

(1) ①分泌物　　A. 闭合性骨折
　　②骨折断端　B. 潴留
　　③胸壁　　　C. 移位
　　④肋骨　　　D. 疏松
　　⑤骨质　　　E. 愈合
　　⑥骨折　　　F. 畸形

(2) ①发生　　A. 肺不张
　　②补　　　B. 胸廓
　　③刺破　　C. 镇痛药
　　④伤及　　D. 胸膜
　　⑤产生　　E. 意外
　　⑥开　　　F. 骨折
　　⑦固定　　G. 血胸
　　⑧导致　　H. 钙
　　⑨预防　　I. 肺组织

7. 两人一组完成下列对话并互相问答

(1) 医生:你哪儿不_____?
　　病人:我胸口疼得_____。

医生：让我看看。哦，比较肿。怎么会这样？
病人：我前天摔了一跤。
医生：除了胸口疼外，还有＿＿＿＿＿＿＿＿＿＿＿＿？
病人：咳嗽，有点儿发烧。我不敢咳嗽，＿＿＿＿＿咳嗽＿＿＿＿＿很疼。
医生：你得先拍＿＿＿＿＿＿＿＿＿，看看是不是＿＿＿＿＿＿＿了。
病人：好吧。

(2) 病人：医生，这是我的＿＿＿＿＿＿＿＿＿＿＿，请您看看。
医生：你看，＿＿＿＿＿有畸形，你的两根＿＿＿＿＿闭合性＿＿＿＿。
断端向内＿＿＿＿＿＿了。
病人：很严重吗？
医生：＿＿＿＿＿＿错位不太严重。如果刺破＿＿＿＿＿＿，就会产生
＿＿＿＿＿、血胸＿＿＿＿＿＿其他并发症。
病人：那现在怎么办呢？
医生：别着急，我先帮你固定＿＿＿＿＿＿，肋骨骨折会自己＿＿＿＿＿的。
病人：我想咳嗽怎么办呢？咳嗽时胸口很疼。
医生：我给你开些＿＿＿＿＿＿＿。你要尽量把＿＿＿＿＿＿排出来，
防止发生＿＿＿＿＿＿＿和肺部感染。

8. 根据课文内容判断正误

会话1

( ) (1) 李华的骨折是因为摔跤引起的。
( ) (2) 李华的主要症状是胸痛、咳嗽、发烧。
( ) (3) 李华断了两根肋骨。
( ) (4) 李华的肋骨断端没有刺破胸膜。
( ) (5) 李华不敢咳嗽是因为咳嗽时胸口很疼。

会话2

( ) (6) 李华胸口疼得喘不过气来是因为她的肋骨骨折了。
( ) (7) 李华的骨质比较疏松是因为她不常锻炼。
( ) (8) 医生让李华尽量不要咳嗽。
( ) (9) 李华年纪大了，肋骨骨折很难愈合。
( ) (10) 固定胸廓可以减轻疼痛。

成段表达

( )(11) 李华的骨折很严重。

( )(12) 李华的呼吸道里有很多痰,如果不排出来容易引起肺部感染。

( )(13) 医生让李华多喝水,这样可以减轻疼痛。

( )(14) 医生建议李华多喝牛奶,因为牛奶可以补钙。

( )(15) 医生觉得老年人单独出门容易发生意外。

9. 叙述45床病人的病情,尽量使用以下词语:

原因 分泌物 潴留 X线片 胸壁 畸形 闭合性骨折 断端 移位 错位
刺破 胸膜 喘不过气来 好在

附录:常用专业词语

开放性骨折	kāifàngxìng gǔzhé	open fracture
单纯骨折	dānchún gǔzhé	simple fracture
复杂骨折	fùzá gǔzhé	complicated fracture
不完全骨折	bùwánquán gǔzhé	incomplete fracture
粉碎性骨折	fěnsuìxìng gǔzhé	comminuted fracture
骨折复位术	gǔzhé fùwèishù	reduction of fracture
骨折固定法	gǔzhé gùdìngfǎ	fixation of fracture

第十六课　这种病跟怀孕没有关系

一、生词语

1. 卵巢	luǎncháo	（名）	ovary
2. 卵巢畸胎瘤	luǎncháo jītāiliú		ovarian teratoma
3. 选择	xuǎnzé	（动）	to select; to choose
4. 方式	fāngshì	（名）	manner; style
5. 淘汰	táotài	（动）	to eliminate
6. 肯定	kěndìng	（副）	definitely
7. 微创	wēichuāng		minipore; minimally invasive
8. 怪胎	guàitāi	（名）	teras
9. 似的	shìde		sounds like; be similar to
10. 由	yóu	（介）	because of
11. 卵细胞	luǎnxìbāo	（名）	ovum; egg cell
12. 异常	yìcháng	（形）	abnormal
13. 预后	yùhòu	（名）	prognosis
14. 创口	chuāngkǒu	（名）	wound
15. 拔除	báchú	（动）	to extract; pull out
16. 导尿管	dǎoniàoguǎn	（名）	catheter
17. 适量	shìliàng	（形）	appropriate amount
18. 隔	gé	（动）	to separate
19. 交流	jiāoliú	（动）	to communicate
20. 兴趣	xìngqù	（名）	interest

二、课　文

```
zhǐdǎo yīshēng — Yuè Jūn
指导　医生——乐　君

shíxíshēng— Ābǔdùlā, Báiruìdì
实习生——阿卜杜拉、白瑞蒂

fùchǎnkē liù chuáng bìngrén — Wáng Kě'ér (nǚ, èrshí'èr suì, wèihūn)
妇产科　6　床　病人——王　可儿（女，　22　岁，未婚）
```

1. 会话

阿卜杜拉：可儿，你的术前检查结果出来了，一切正常，可以做手术了。

可　　儿：哦。阿杜医生，你们说我得的是双侧**卵巢畸胎瘤**，瘤体也比较大，那手术的切口是不是很大呢？

阿卜杜拉：这要看你选择哪种手术方式了。

可　　儿：当然**选择**切口最小、好得最快的**方式**了！

阿卜杜拉：现在有两种手术方式，乐主任让我来问你选择哪一种？

可　　儿：你给我详细说说吧。

阿卜杜拉：一种是经腹部切除术，切口比较大，身体恢复比较慢。

可　　儿：这种方式应该**淘汰**啊！我**肯定**不选这种方式。

阿卜杜拉：这种方式比较便宜，四千块左右，所以还是有患者选用的。

可　　儿：哦。那第二种方式呢？

阿卜杜拉：是腹腔镜**微创**手术，伤口小，恢复快。不过，手术费大概一万块左右。

可　　儿：那我考虑一下儿再决定吧。

阿卜杜拉：好。

Ābǔdùlā: Kě'ér, nǐ de shùqián jiǎnchá jiéguǒ chūlai le, yíqiè zhèngcháng, kěyǐ zuò shǒushù le.

Kě'ér: Ò. Ā Dù yīshēng, nǐmen shuō wǒ dé de shì shuāngcè luǎncháo jītāiliú, liútǐ yě bǐjiào dà, nà shǒushù de qiēkǒu shì bu shì hěn dà ne?

Ābǔdùlā: Zhè yào kàn nǐ xuǎnzé nǎ zhǒng shǒushù fāngshì le.

Kě'ér: Dāngrán xuǎnzé qiēkǒu zuì xiǎo, hǎo de zuì kuài de fāngshì le!

Ābǔdùlā: Xiànzài yǒu liǎng zhǒng shǒushù fāngshì, Yuè zhǔrèn ràng wǒ lái wèn nǐ xuǎnzé nǎ yì zhǒng?

Kě'ér: Nǐ gěi wǒ xiángxì shuōshuo ba.

Ābǔdùlā: Yì zhǒng shì jīng fùbù qiēchúshù, qiēkǒu bǐjiào dà, shēntǐ huīfù bǐjiào màn.

Kě'ér: Zhè zhǒng fāngshì yīnggāi táotài a! Wǒ kěndìng bù xuǎn zhè zhǒng fāngshì.

Ābǔdùlā: Zhè zhǒng fāngshì bǐjiào piányi, sìqiān kuài zuǒyòu, suǒyǐ háishi yǒu huànzhě xuǎnyòng de.

Kě'ér: Ò. Nà dì-èr zhǒng fāngshì ne?

Ābǔdùlā: Shì fùqiāngjìng wēichuāng shǒushù, shāngkǒu xiǎo, huīfù kuài. Búguò, shǒushùfèi dàgài yíwàn kuài zuǒyòu.

Kě'ér: Nà wǒ kǎolǜ yíxiàr zài juédìng ba.

Ābǔdùlā: Hǎo.

2. 会话

(可儿选择了腹腔镜微创手术并顺利接受了手术。早上,乐君和阿卜杜拉来查房)

乐　　君：可儿,今天感觉怎么样?

可　　儿：恢复得挺快的。腹腔镜微创手术真不错!

阿卜杜拉：你恢复得挺好的嘛,还越来越漂亮了。

可　　儿：阿杜医生真会开玩笑!可是这个病名听起来像是怀了**怪胎**似的。我还没结婚呢,所以一直都不好意思问。

第十六课　这种病跟怀孕没有关系

乐　　君：这是一种常见的卵巢肿瘤，**由卵细胞异常**增生引起，主要发生在二三十岁的年轻女性身上，跟怀孕没有关系。

可　　儿：哦。那我以后能要孩子吗？

阿卜杜拉：当然可以。你得的是良性畸胎瘤，**预后**比较好。

乐　　君：这种手术不会影响卵巢功能。

可　　儿：这种病会复发吗？

阿卜杜拉：一般是不会的。乐老师，对不对？

乐　　君：说得对。

可　　儿：阿杜医生真厉害！汉语说得好，医学也学得好！

阿卜杜拉：哪里哪里。

(Kě'ér xuǎnzéle fùqiāngjìng wēichuāng shǒushù bìng shùnlì jiēshòule shǒushù. Zǎoshang, Yuè Jūn hé Ābǔdùlā lái cháfáng)

Yuè Jūn:　　Kě'ér, jīntiān gǎnjué zěnmeyàng?

Kě'ér:　　Huīfù de tǐng kuài de. Fùqiāngjìng wēichuāng shǒushù zhēn búcuò!

Ābǔdùlā:　Nǐ huīfù de tǐng hǎo de ma, hái yuèláiyuè piàoliang le.

Kě'ér:　　Ā Dù yīshēng zhēn huì kāi wánxiào! Kěshì zhè ge bìngmíng tīng qilai xiàng shì huáile guàitāi sìde. Wǒ hái méi jiéhūn ne, suǒyǐ yìzhí dōu bùhǎoyìsi wèn.

Yuè Jūn:　　Zhè shì yì zhǒng chángjiàn de luǎncháo zhǒngliú, yóu luǎn xìbāo yìcháng zēngshēng yǐnqǐ, zhǔyào fāshēng zài èr-sānshí suì de niánqīng nǚxìng shēnshang, gēn huáiyùn méiyǒu guānxì.

Kě'ér:　　Ò. Nà wǒ yǐhòu néng yào háizi ma?

Ābǔdùlā:　Dāngrán kěyǐ. Nǐ dé de shì liángxìng jītāiliú, yùhòu bǐjiào hǎo.

Yuè Jūn:　　Zhè zhǒng shǒushù bú huì yǐngxiǎng luǎncháo gōngnéng.

Kě'ér:　　Zhè zhǒng bìng huì fùfā ma?

Ābǔdùlā:　Yìbān shì bú huì de. Yuè lǎoshī, duì bu duì?

Yuè Jūn:　　Shuō de duì.

Kě'ér:　　Ā Dù yīshēng zhēn lìhai! Hànyǔ shuō de hǎo, yīxué yě xué de hǎo!

Ābǔdùlā:　Nǎli nǎli.

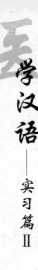

3. 成段表达 (阿卜杜拉对白瑞蒂说)

白瑞蒂，前几天我们科收治了一位病人，是位22岁的未婚姑娘，长得挺漂亮的。她患了双侧卵巢畸胎瘤，瘤体已经很大了，她选择了腹腔镜微创手术。手术做得非常成功，没有伤及卵巢组织，也不会影响卵巢功能，她以后可以像正常人一样怀孕生孩子。她非常爱美，因为手术的**创口**很小，她可高兴了，对我们的工作积极配合，所以恢复得特别快。手术后第二天就可以**拔除导尿管**，第三天已经能够下床进行**适量**活动，下周就可以出院了。卵巢畸胎瘤手术后一般不会复发。但是为了更放心，我们还是建议病人定期复查，每**隔**半年来医院做一次B超。我跟这位病人用汉语**交流**得特别好，她还说我汉语说得不错呢。我们的关系就像朋友一样，我非常开心。现在我对学汉语更有**兴趣**了。

Báiruìdì, qián jǐ tiān wǒmen kē shōuzhìle yí wèi bìngrén, shì wèi èrshí'èr suì de wèihūn gūniang, zhǎng de tǐng piàoliang de. Tā huànle shuāngcè luǎncháo jītāiliú, liútǐ yǐjīng hěn dà le, tā xuǎnzéle fùqiāngjìng wēichuāng shǒushù. Shǒushù zuò de fēicháng chénggōng, méiyǒu shāngjí luǎncháo zǔzhī, yě bú huì yǐngxiǎng luǎncháo gōngnéng, tā yǐhòu kěyǐ xiàng zhèngchángrén yíyàng huáiyùn shēng háizi. Tā fēicháng ài měi, yīnwèi shǒushù de chuāngkǒu hěn xiǎo, tā kě gāoxìng le, duì wǒmen de gōngzuò jījí pèihé, suǒyǐ huīfù de tèbié kuài. Shǒushù hòu dì-èr tiān jiù kěyǐ báchú dǎoniàoguǎn, dì-sān tiān yǐjīng nénggòu xiàchuáng jìnxíng shìliàng huódòng, xià zhōu jiù kěyǐ chūyuàn le. Luǎncháo jītāiliú shǒushù hòu yìbān bú huì fùfā. Dànshì wèile gèng fàngxīn, wǒmen háishi jiànyì bìngrén dìngqī fùchá, měi gé bàn nián lái yīyuàn zuò yí cì B-chāo. Wǒ gēn zhè wèi bìngrén yòng Hànyǔ jiāoliú de tèbié hǎo, tā hái shuō wǒ Hànyǔ shuō de búcuò ne. Wǒmen de guānxì jiù xiàng péngyou yíyàng, wǒ fēicháng kāixīn. Xiànzài wǒ duì xué Hànyǔ gèng yǒu xìngqù le.

三、注 释

1. 卵巢畸胎瘤

也称为卵巢皮样囊肿,是一种奇怪的肿瘤,通常为良性,典型的肿瘤含有各种组织,包括毛发、牙齿、骨骼、甲状腺组织等。

Also called a dermoid cyst of the ovary, this is a bizarre tumor, usually benign. A typical ovarian teratoma contains a diversity of tissues including hair, teeth, bone, thyroid, etc.

2. 微创手术

微创手术是指切口比普通手术小得多的手术,它需要借助内窥镜(如腹腔镜、胸腔镜、关节内镜等)或各种显像技术(如介入疗法等)来进行,具有创伤小、疼痛轻、恢复快的特点。

Minimally invasive surgery is a surgery whose incision is much smaller than that of a general surgery, and it is carried out with the assistance of an endoscope such as laparoscope, thoracoscope, arthroscope, or all kinds of imaging techniques such as interventional therapy. And it also has the advantages of slight trauma, mild pain and quick recovery.

3. 听起来

"起来"用在动词后面做趋向补语,基本意义是通过动作使事物由低到高、由下到上。但在很多情况下,"起来"所表示的是引申义。"听起来"是常用语,这里的"起来"有估计的意思,即"听"了以后做出估计。如:

"起来" is used after a verb as a complement of direction, meaning move from low to high, or from bottom to top through an action. But usually "起来" has an extended meaning. "听起来" is a common phrase to predict after listening. e.g.

(1) 这个房间听起来不错,我就要这个房间吧。

(2) 这个病名听起来像是怀了怪胎似的。

"起来"的这种用法常用的还有"看起来",表示"看"了以后做出估计。如:

The usage of "起来" also applies to the phrase "看起来", which means to predict after looking. e.g.

(3) 这家饭店看起来很贵,我们去别的地方吃吧。

4. A 像(是)B 似的

表示 A 和 B 有相似的情况,容易让人觉得是 B,但实际上并不是 B。如:

This phrase means that although A is similar to B, and is easy to be taken for B, the two are different. e.g.

(1) 这个病名听起来像是怀了怪胎似的。(实际上不是怀了怪胎)

(2) 她太胖了,肚子鼓得像怀孕似的。(实际上她没有怀孕)

5. 由……引起

"由"是介词,后面可跟名词或动词性词组,表示"引起"的原因。如:

"由" is a preposition, often followed by a noun or a verb phrase to indicate the cause of "引起", e.g.

(1) 这是一种常见的卵巢肿瘤,由卵细胞异常增生引起。

(2) 肺炎常常由细菌、病毒引起。

6. 跟……(没)有关系

介词"跟"表示主语与介词引进的对象有无联系。如:

The preposition "跟" indicates a relationship between the subject and the object introduced by "跟", e.g.

(1) 糖尿病跟遗传有关系。

(2) 这种病跟怀孕没有关系。

表示肯定时也可以说"跟……有关",表示否定时不能说"跟……没有关",而应该说"跟……没有关系"或"跟……无关"。如:

You can use "跟……有关" to indicate confirmation and "跟……没有关系" or "跟……无关" for negation, but you can't say "跟……没有关" when expressing negation. e.g.

(3) 他的胸痛跟肺癌有关。

(4) 病情的恶化跟手术无关。

7. 预后

医学术语,表示医生对患者病情进展的估计及疾病恢复可能性的预测。

It is a medical term used to predict the progress of a patient's disease and the possibility of its recovery.

8. 哪里哪里

表示谦虚的常用语。当别人称赞自己时,常用这个短语来回答,谦虚地表示自己并没有别人说的那么好。如:

It's a common phrase to indicate modesty. Praised by others, you can use this phrase to response for showing modesty. e.g.

(1) A:你的汉语说得真好!
　　B:~!

(2) A:你的汉字写得太漂亮了!
　　B:~!

有时候也可以用来表示客气。如:

Sometimes it is used to express politeness. e.g.

(3) A:这件事要是没有你帮忙,我还不知道怎么办呢。
　　B:~!

(4) A:您辛苦了,谢谢您!
　　B:~!

9. 像……一样 (A 像 B 一样 +v./adj.)

这是比较两个人或事物相似时的常用格式,后面的动词或形容词表示相似的动作行为或者性质状态等。如:

This phrase is often used to compare the similarities between two people or two things. The verb or adjective after it means that similar action or state could occur. e.g.

(1) (你)以后可以像正常人一样怀孕生孩子。
(2) 你不用担心,出院后可以像以前一样工作。
(3) 今天的天气像冬天一样冷。

10. 导尿管

是通过尿道插入膀胱以便把尿液引流出来的管子。它可以帮助小便失禁的病人收集尿液,也可以帮助手术中或行动不便的病人排尿。

A catheter is a tube inserted into the bladder through the urethra to drain urine. It can help patients with aconuresis, patients under operation and physically-impaired patients to discharge urine.

11. 对……有兴趣

"兴趣"是名词，"有"是它的动词。"兴趣"后面不能再加宾语。如果要表示"有兴趣"的是什么，可以用介词"对……有兴趣"这个格式。如：

"兴趣" is a noun, "有" is its verb. "兴趣" can not be followed by an object. This phrase means to be interested in something. If you want to express your interest, you may use this phrase "对……有兴趣". e.g.

(1) 我对医学有兴趣。

(2) 现在我对学汉语更有兴趣了。

这个格式也可以说成"对……感兴趣"。如：

This phrase can also be modified as "对……感兴趣". e.g.

(3) 她对治疗糖尿病感兴趣。

如果要强调程度，可以在"有"或"感"前面加程度副词。如：

If you want to emphasize, adverbs of degree can be added before "有" or "感". e.g.

(4) 我对中国很感兴趣。

四、练 习

1. 听与读

听起来	跟肺癌有关	卵巢
看起来	跟遗传有关系	卵细胞
闻起来	跟怀孕没有关系	卵巢功能
说起来	跟手术无关	卵巢畸胎瘤
方式	创口	适量
方法	切口	适量活动
办法	伤口	适量用药
手术方式		注射适量的葡萄糖
用什么方法治疗	微创	口服适量的维生素
有办法治好这种病	微创手术	

正常	预后
异常	预后比较好
恢复正常	预后不好
一切正常	预后比较差
情况异常	
异常增生	
卵细胞异常增生	

2. **替换与扩展**

(1) <u>这个病名</u>听起来像是<u>怀了怪胎</u>似的。

她肚子鼓得	怀孕
他	得了怪病
我的伤口疼得	刀割
那个小伙子看起来	没病

(2) 这是<u>一种常见的卵巢肿瘤</u>,由<u>卵细胞异常增生</u>引起。

气胸	肋骨骨折刺破胸膜
先天性心脏病	环境和遗传等因素
晨僵症状	骨关节炎
癫痫	大脑过度放电

(3) <u>良性畸胎瘤跟怀孕没有关系</u>。

急性阑尾炎	饭后运动
他的身体浮肿	饮食
她的病	上呼吸道感染
这种病	遗传

(4) 她<u>以后</u>可以像<u>正常人</u>一样<u>怀孕生孩子</u>。

你出院后	别的孩子	参加体育活动
病好后你	以前	跑步
中风康复后	正常人	说话
骨折愈合后	以前	写字

(5) 现在我对学汉语更有兴趣了。

> 学医学
> 临床实习
> 学习中国文化
> 了解中国人的生活方式

3. 看汉字,写拼音

微创 _____   预后 _____   卵巢畸胎瘤 _____

淘汰 _____   拔除 _____   导尿管 _____

4. 看拼音,写汉字

kěndìng _____   chuāngkǒu _____   jiāoliú _____

fāngshì _____   yìcháng _____   shìliàng _____

fāshēng _____   xìngqù _____   xuǎnzé _____

5. 选择合适的词填空(每个词语只能用一次)

(导尿管　预后　选择　兴趣　淘汰　微创　适量　肯定　异常　方式)

(1) 治疗这种病有几种方法,你可以根据自己的情况_____一种。

(2) 医生,我什么时候能拔除_____?

(3) 良性肿瘤_____一般都比较好。

(4) 以后你可不要再暴饮暴食了,饮食一定要_____。

(5) 你对学习医学有没有_____?

(6) 康复后他_____还能像以前一样打篮球。

(7) 昨天晚上6床病人有没有_____的情况?

(8) 你愿意接受腹腔镜_____手术吗?

(9) 选择哪种手术_____?要看患者的身体情况才能决定。

(10) 你的电脑太旧了,该_____了。

6. 词语搭配(可多选)

(1) 选择　　　　　A. 异常情况

(2) 拔除　　　　　B. 兴趣

(3) 发生　　　　　C. 卵巢功能

(4) 接受　　　　　D. 导尿管

(5) 得了　　　　　E. 做一次检查

(6) 影响　　　　　F. 卵巢畸胎瘤

(7) 进行　　　　　G. 适量活动

(8) 有　　　　　　H. 手术治疗

(9) 隔半年　　　　I. 微创手术方式

7. 两人一组完成下列对话后进行互相问答

病人：医生，_____？

实习生：出来了，你得的是双侧卵巢畸胎瘤。

病人：畸胎瘤？不可能吧？我还不可能怀孕啊！

实习生：_____。

病人：哦。那要做手术吗？

实习生：_____。

病人：手术后会不会留下难看的疤痕？

实习生：_____。

病人：那我选择腹腔镜微创手术，_____？

实习生：没问题，你可以像正常人一样怀孕生孩子。

8. 根据课文内容判断正误

(　) (1) 可儿得的是单侧卵巢畸胎瘤，瘤体比较大。

(　) (2) 经腹部切除手术创口比较大，手术费比较便宜，但身体恢复比较慢。

(　) (3) 腹腔镜微创手术创口比较小，身体恢复比较快，但手术费比较贵。

(　) (4) 经腹部切除术这种方式应该淘汰。

(　) (5) 卵巢畸胎瘤跟怀孕没有关系，不是怀了怪胎。

(　) (6) 卵巢肿瘤是由卵细胞异常增生引起的，但不是很常见。

(　) (7) 良性畸胎瘤手术预后比较好。

(　) (8) 良性畸胎瘤术后容易复发。

9. 交际性练习(参见附录二)

两人一组,角色A看附录二的5,角色B看附录二的1。

附录:常用专业词语

子宫肌瘤	zǐgōng jīliú	hysteromyoma
卵巢囊肿	luǎncháo nángzhǒng	ovarian dropsy
输卵管肿瘤	shūluǎnguǎn zhǒngliú	oviduct tumour
子宫内膜癌	zǐgōng nèimó'ái	endometrial carcinoma
绒毛膜癌(绒癌)	róngmáomó'ái (róng'ái)	choriocarcinoma
子宫内膜异位症	zǐgōng nèimó yìwèizhèng	endometriosis uterina
剖腹探查	pōufù tànchá	laparotomy
肿瘤标志物	zhǒngliú biāozhìwù	tumor marker

第十七课　这种情况是不是要进行引产？

一、生词语

1. 引产	yǐnchǎn	（动）	induced labor
2. 初次	chūcì	（副）	primary; at the first time
3. 产前	chǎnqián		antepartum; prenatal
4. 阴道	yīndào	（名）	vagina
5. 子宫	zǐgōng	（名）	uterus
6. 孕周	yùnzhōu	（名）	gestational week
7. 相符	xiāngfú	（动）	conform to
8. 宫颈	gōngjǐng	（名）	cervix uteri
9. 条件	tiáojiàn	（名）	status
10. 无激惹试验	wújīrě shìyàn		non-stress test
11. 胎动	tāidòng		fetal movement
12. 改善	gǎishàn	（动）	to improve
13. 宫缩	gōngsuō		uterine contraction
14. 胎位	tāiwèi	（名）	fetal position
15. 催产素	cuīchǎnsù	（名）	oxytocin
16. 促进	cùjìn	（动）	to promote
17. 预产期	yùchǎnqī	（名）	expected date of confinement
18. 出生	chūshēng	（动）	to be born
19. 羊水	yángshuǐ	（名）	amniotic fluid
20. 要不	yàobu	（副）	or; or else; otherwise
21. 剖腹产	pōufùchǎn	（名）	cesarean section
22. 阵痛	zhèntòng	（名）	labor pain
23. 过期	guòqī	（形）	post-term; prolonged
24. 妊娠	rènshēn	（名）	pregnancy
25. 产妇	chǎnfù	（名）	puerpera
26. 人工破膜	réngōng pòmó		artificial rupture of membranes
27. 婴	yīng	（名）	infant; baby

二、课文

> zhǐdǎo yīshēng — Mèng Lè
> 指导 医生——孟 乐
> shíxíshēng — Kǎqí, Shānà, Báiruìdì
> 实习生——卡奇、莎娜、白瑞蒂
> fùchǎnkē qī chuáng bìngrén — Wáng Níng (nǚ, èrshísān suì)
> 妇产科 7 床 病人——王 宁（女，23 岁）
> bìngrén jiāshǔ — Sūn Qiáng (Wáng Níng de zhàngfu)
> 病人 家属——孙 强（王 宁 的 丈夫）

1. 会话（在医生办公室）

孟 乐：卡奇、莎娜，你们看过7床的病历没有？

卡 奇：看过了。患者23岁，是**初次**怀孕。

孟 乐：第一次**产前**检查是什么时候？

莎 娜：是最后一次月经第一天后六周左右。

孟 乐：当时的情况怎么样？

卡 奇：当时做了**阴道**检查，**子宫**大小和六**孕周相符**。

莎 娜：后来她定期做产前检查。十八孕周的时候做了超声波检查，结果正常。

孟 乐：有没有什么异常的情况？

卡 奇：四十一、四十二孕周的时候，检查发现**宫颈条件**不良，安排患者每周做两次**无激惹试验**，并要求她记录**胎动**。

孟 乐：现在的情况怎么样？

莎 娜：现在是第四十二周的第七天，患者的宫颈条件明显**改善**，**宫缩激惹试验**呈阴性，胎位也正常。

卡 奇：孟老师，这种情况是不是要进行引产？

孟 乐：对，先打**催产素促进**宫缩。

第十七课　这种情况是不是要进行引产？

Mèng Lè: Kǎqí, Shānà, nǐmen kànguo qī chuáng de bìnglì méiyǒu?
Kǎqí: Kànguo le. Huànzhě èrshísān suì, shì chūcì huáiyùn.
Mèng Lè: Dì-yī cì chǎnqián jiǎnchá shì shénme shíhou?
Shānà: Shì zuìhòu yí cì yuèjīng dì-yī tiān hòu liù zhōu zuǒyòu.
Mèng Lè: Dāngshí de qíngkuàng zěnmeyàng?
Kǎqí: Dāngshí zuòle yīndào jiǎnchá, zǐgōng dàxiǎo hé liù yùnzhōu xiāngfú.
Shānà: Hòulái tā dìngqī zuò chǎnqián jiǎnchá. Shíbā yùnzhōu de shíhou zuòle chāoshēngbō jiǎnchá, jiéguǒ zhèngcháng.
Mèng Lè: Yǒu méiyǒu shénme yìcháng de qíngkuàng?
Kǎqí: Sìshíyī, sìshí'èr yùnzhōu de shíhou, jiǎnchá fāxiàn gōngjǐng tiáojiàn bù liáng, ānpái huànzhě měi zhōu zuò liǎng cì wújīrè shìyàn, bìng yāoqiú tā jìlù tāidòng.
Mèng Lè: Xiànzài de qíngkuàng zěnmeyàng?
Shānà: Xiànzài shì dì-sìshí'èr zhōu de dì-qī tiān, huànzhě de gōngjǐng tiáojiàn míngxiǎn gǎishàn, gōngsuō jīrè shìyàn chéng yīnxìng, tāiwèi yě zhèngcháng.
Kǎqí: Mèng lǎoshī, zhè zhǒng qíngkuàng shì bu shì yào jìnxíng yǐnchǎn?
Mèng Lè: Duì, xiān dǎ cuīchǎnsù cùjìn gōngsuō.

2. 会话（在病房）

王　宁：医生，**预产期**已经过了快两个星期了，我的孩子怎么还不**出生**？

孟　乐：预产期前后两周生孩子都是正常的。

孙　强：我担心孩子在肚子里太久会有危险。

莎　娜：从检查报告来看，子宫里的**羊水**不少，胎儿呼吸运动和胎动正常，大人和孩子现在都没有问题。

王　宁：今天已经是第四十二周的最后一天了，我现在只想快点儿把孩子生出来。

孙　强：要不进行**剖腹产**？

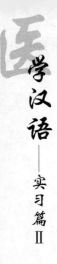

孟　乐：现在孕妇的宫颈条件良好，胎位正常，没有必要进行剖腹产，我们决定进行引产。

莎　娜：王姐，现在护士准备给你打催产素。过一会儿你会觉得腹部**阵痛**。不用紧张，这是你的宝宝跟你见面前先打个招呼呢。

孙　强：那太好了！啊，我要当爸爸了！

莎　娜：看把你高兴的！王姐腹痛的时候你要多鼓励她啊。

孙　强：那当然。老婆，别怕，有我在呢。

Wáng Níng: Yīshēng, yùchǎnqī yǐjīng guòle kuài liǎng ge xīngqī le, wǒ de háizi zěnme hái bù chūshēng?

Mèng Lè: Yùchǎnqī qiánhòu liǎng zhōu shēng háizi dōushì zhèngcháng de.

Sūn Qiáng: Wǒ dānxīn háizi zài dùzi li tài jiǔ huì yǒu wēixiǎn.

Shānà: Cóng jiǎnchá bàogào láikàn, zǐgōng li de yángshuǐ bù shǎo, tāi'ér hūxī yùndòng hé tāidòng zhèngcháng, dàrén hé háizi xiànzài dōu méiyǒu wèntí.

Wáng Níng: Jīntiān yǐjīng shì dì-sìshí'èr zhōu de zuìhòu yì tiān le, wǒ xiànzài zhǐ xiǎng kuài diǎnr bǎ háizi shēng chulai.

Sūn Qiáng: Yàobu jìnxíng pōufùchǎn?

Mèng Lè: Xiànzài yùnfù de gōngjǐng tiáojiàn liánghǎo, tāiwèi zhèngcháng, méiyǒu bìyào jìnxíng pōufùchǎn, wǒmen juédìng jìnxíng yǐnchǎn.

Shānà: Wáng jiě, xiànzài hùshi zhǔnbèi gěi nǐ dǎ cuīchǎnsù. Guò yíhuìr nǐ huì juéde fùbù zhèntòng. Bú yòng jǐnzhāng, zhè shì nǐ de bǎobao gēn nǐ jiànmiàn qián xiān dǎ ge zhāohu ne.

Sūn Qiáng: Nà tài hǎo le! Ā, wǒ yào dāng bàba le!

Shānà: Kàn bǎ nǐ gāoxìng de! Wáng jiě fùtòng de shíhou nǐ yào duō gǔlì tā a.

Sūn Qiáng: Nà dāngrán. Lǎopó, bié pà, yǒu wǒ zài ne.

3. 成段表达（莎娜对白瑞蒂说）

白瑞蒂，上星期我们对一例**过期妊娠**产妇做了引产手术。这位产妇的最后一次月经是2007年2月1日，预产期是2007年11月8日。四十孕周的时候，我们对她进行了全面检查，她的身体很正常，

第十七课　这种情况是不是要进行引产？

胎位也正常。四十一、四十二孕周的时候,我们安排她每周做两次无激惹试验,要求她记录胎动。当时的宫颈条件不太好。但是,四十二孕周快结束的时候,患者的宫颈条件明显改善,宫缩激惹试验呈阴性,可是产妇还没有宫缩,她和丈夫都非常着急,建议做剖腹产。根据产妇和胎儿当时的情况,我们没有给她做剖腹产,我们给她打催产素促进宫缩,还进行了**人工破膜**。引产手术开始后七个小时左右,她顺利生下一个健康男婴。男婴身长五十厘米,体重三千四百克。夫妻俩高兴得不得了,我们也非常开心。

Báiruìdì, shàng xīngqī wǒmen duì yí lì guòqī rènshēn chǎnfù zuòle yǐnchǎn shǒushù. Zhè wèi chǎnfù de zuìhòu yí cì yuèjīng shì èr-líng-líng-qī nián èr yuè yī rì, yùchǎnqī shì èr-líng-líng-qī nián shíyī yuè bā rì. Sìshí yùnzhōu de shíhou, wǒmen duì tā jìnxíngle quánmiàn jiǎnchá, tā de shēntǐ hěn zhèngcháng, tāiwèi yě zhèngcháng. Sìshíyī, sìshí'èr yùnzhōu de shíhou, wǒmen ānpái tā měi zhōu zuò liǎng cì wújīrě shìyàn, yāoqiú tā jìlù tāidòng. Dāngshí de gōngjǐng tiáojiàn bú tài hǎo. Dànshì, sìshí'èr yùnzhōu kuài jiéshù de shíhou, huànzhě de gōngjǐng tiáojiàn míngxiǎn gǎishàn, gōngsuō jīrě shìyàn chéng yīnxìng, kěshì chǎnfù hái méiyǒu gōngsuō, tā hé zhàngfu dōu fēicháng zháojí, jiànyì zuò pōufùchǎn. Gēnjù chǎnfù hé tāi'ér dāngshí de qíngkuàng, wǒmen méiyǒu gěi tā zuò pōufùchǎn, wǒmen gěi tā dǎ cuīchǎnsù cùjìn gōngsuō, hái jìnxíngle réngōng pòmó. Yǐnchǎn shǒushù kāishǐ hòu qī ge xiǎoshí zuǒyòu, tā shùnlì shēngxià yí ge jiànkāng nányīng. Nányīng shēncháng wǔshí límǐ, tǐzhòng sānqiān sìbǎi kè. Fūqīliǎ gāoxìng de bùdeliǎo, wǒmen yě fēicháng kāixīn.

三、注　释

1. 孕周

孕周即怀孕的周数。孕周的计算方式是:从末次月经第一天开始,七天为一周。从怀孕到分娩,大概要经历四十个孕周。一般来说,三十七至四十二个孕周属于正常范围。

Gestational age is the time measured from the first day of the woman's last menstrual cycle to the current date. It is measured in weeks. A pregnancy of normal gestation is about 40 weeks. It is normal ranged from 37 to 42 weeks.

2. A 和 B 相符

表示两个事物(在数量、质量、形状、性质等方面)彼此一致。如：
It indicates two things are equivalent in number, quality, shape, property.
e.g.

(1) 子宫大小和六孕周相符。

(2) 检查结果和检查前的诊断相符。

3. 无激惹试验

无激惹试验是一种非侵袭性检测胎儿宫内状况的简单方法，通常应用于妊娠二十八周以上的孕妇。在检测期间对胎儿无不利影响。

The Fetal Non-Stress test (NST) is a simple, non-invasive test performed in pregnancies over 28 weeks gestation. The test is named "non-stress" because it is no harm to the fetus during the test.

4. 宫缩

宫缩即子宫肌肉收缩。有规律的宫缩是临产的表现。

Uterine contraction regularly is the expressing of parturiency.

5. 引产

引产指通过人工的方法促使孕妇终止妊娠。引产的适用对象是怀孕十二孕周以上因特殊原因需要终止妊娠的孕妇及超过四十二孕周的过期妊娠孕妇。

Induced labor means termination of pregnancy in manual way. It is suitable for the woman with 12 weeks pregnancy but have to terminate because of some special resons, or more than 42 weeks pregnancy.

6. 催产素

催产素是一种有促进子宫收缩作用的激素。临产时，产妇体内会分泌催产素。引产时，一般需要人工注射催产素。

Oxytocin is a hormone which can stimulate uterine contraction. When a puerperal is in labor, her body will secrete oxytocin. Usually artificial injection of oxytocin is needed when inducing labor.

7. 预产期 (EDC)

医学上推测孕妇分娩的日期。一般根据末次月经来推算。具体方法是：末次月经日期的月份加 9 或减 3 为预产期月份；末次月经第一天日期加 7，为预产期日期。如：末次月经第一天是 2008 年 6 月 7 日，预产期就是 2009 年 3 月 14 日。

We usually estimate the date of labor of a pregnant woman medically according to her last menses. The concrete method is: the month of last menses plus 9 or minus 3 is the month of expected date of childbirth; the date of last menses plus 7 is the date of expected date of childbirth. For example: the last menses was on 7th June, 2008, then the expected date of childbirth will be 14th March, 2009.

8. 要不

连词，表示选择。提出和前面所说不同的另一种选择，带有商量的语气。"要不"后面可以停顿，也可以不停顿。如：

It's a conjunction to indicate a choice. It proposes another choice differed from the former one, with consultative mood. After "要不", a pause can be used optionally. e.g.

(1) 要不进行剖腹产？

(2) 你最好今天就来住院，要不明天来也行。

9. 看把你高兴的 (看把你+adj./v.+的)

这是口语常用的句式。用来表示某事物使"把"的对象(宾语)出现程度较高的某种状态。"看把你高兴的"意思是某事物使你非常高兴。这样的说法常见的还有：

看把你乐的—看把你激动的—看把他气的—看把我累的

This is a sentence pattern commonly used in oral communication. It is used to indicate something has made the target(object) of "把" being in a certain state. "看把你高兴的" means something has made you very happy. The common examples of this pattern are: "看把你乐的—看把你激动的—看把他气的—看把我累的".

10. 过期妊娠

妊娠达到或超过42周,称为过期妊娠。最常见的原因为预产期估计错误,其他危险因素包括初产、以前有过期妊娠病史、男性胎儿及遗传因素等。

If pregnancy reaches or exceeds 42 weeks, it's called postterm pregnancy. The most frequent cause of postterm pregnancy is error guessing the date of childbirth. Other risky factors are including primiparity, prior postterm pregnancy, male gender of the fetus, and genetic factors.

四、练 习

1. 听与读

怀孕	产妇	子宫	产前检查
妊娠	产前	宫颈	术前检查
初次怀孕	预产期	宫缩	定期检查
多次怀孕	催产素	宫腔	全面检查
胎儿	过期妊娠	激惹试验	人工破膜
胎动	过期药物	无激惹试验	人工呼吸
胎位	过期食物	宫缩激惹试验	人工受孕
畸胎			
怪胎	引产	孕妇	阴道检查
	剖腹产	孕周	超声波检查

2. 看拼音,写汉字

tiáojiàn _____ gǎishàn _____ yǐnchǎn _____

cùjìn _____ yàobu _____ guòqī _____

yùchǎnqī _____ tāiwèi _____ chūshēng _____

第十七课　这种情况是不是要进行引产？

3. 词语搭配(可多选)

(1) ①怀孕　　A. chǎnfù
　　②妊娠　　B. jīrě
　　③阴道　　C. yángshuǐ
　　④产妇　　D. cuīchǎnsù
　　⑤羊水　　E. huáiyùn
　　⑥子宫　　F. rènshēn
　　⑦激惹　　G. yīndào
　　⑧催产素　H. zǐgōng

(2) ①胎儿　　A. pōufùchǎn
　　②宫颈　　B. gōngsuō
　　③孕周　　C. pòmó
　　④阵痛　　D. nányīng
　　⑤破膜　　E. zhèntòng
　　⑥宫缩　　F. tāi'ér
　　⑦男婴　　G. yùnzhōu
　　⑧剖腹产　H. gōngjǐng

4. 替换与扩展

(1) 子宫大小和六孕周相符。

> 检查结果
> 孩子的出生日期
> 她的身高、体重
> 病理报告

> 张医生的判断
> 预产期
> 年龄不
> 县卫生院的诊断不

(2) 要不进行剖腹产？

> 先做个全身检查
> 再等等看
> 进行人工破膜
> 选择腹腔镜微创手术

(3) 看把你高兴的！

> 美
> 乐
> 累
> 吓

(4) 夫妻俩高兴得不得了。

> 他的胸口疼
> 她的额头烫
> 我现在后悔
> 今天老师的嗓子哑

5. 选择合适的词语填空(每个词语只能用一次)

(无激惹试验　过期　相符　剖腹产　促进　出生　要不　改善　预产期　条件)

(1) 7床的_____是什么时候？
(2) 门诊对他的诊断是食物中毒,怀疑是吃了_____的食物。
(3) 20床胎儿情况异常,可能要做_____手术。
(4) 莎娜,从今天开始安排患者每周做两次_____。
(5) 住院后的检查结果与门诊的诊断_____。
(6) 这家医院有很多有名的医生,_____非常好。
(7) 这家卫生院以前条件比较差,现在已经_____了不少。
(8) 只要是能_____两国人民友谊的事,他都愿意做。
(9) 你是哪一年_____的？
(10) 那位过期妊娠产妇现在还没有宫缩,_____给她打催产素吧？

6. 两人一组完成下列对话并进行相互问答

   (1) 孟医生：你们看过7床的＿＿＿＿＿＿＿＿＿＿没有？

   莎娜：看过了。患者23岁，是＿＿＿＿＿＿＿＿＿＿＿＿。

   孟医生：第一次＿＿＿＿＿＿＿＿＿＿＿＿是什么时候？

   莎娜：是最后一次＿＿＿＿＿＿＿＿＿＿第一天后六周左右。

   孟乐：当时的情况怎么样？

   莎娜：当时做了＿＿＿＿＿＿＿＿＿＿检查，＿＿＿＿＿＿大小和六＿＿＿＿＿＿＿＿相符。

   (2) 病人：医生，＿＿＿＿＿＿＿＿＿＿已经过了快两个星期了，我的孩子怎么还不＿＿＿＿＿＿＿？

   医生：预产期＿＿＿＿＿＿＿＿＿＿＿＿＿＿＿＿生孩子都是正常的。

   病人：我担心孩子＿＿＿＿＿＿＿＿＿＿＿＿＿＿＿＿会有危险。

   医生：从检查报告来看，子宫里的＿＿＿＿＿＿不少，＿＿＿＿＿＿＿＿呼吸运动和＿＿＿＿＿＿正常，＿＿＿＿＿＿＿现在都没有问题。

7. 根据课文内容判断正误

   (   )(1) 在预产期前后三周生孩子都是正常的。

   (   )(2) 7床病人是过期妊娠产妇。

   (   )(3) 7床病人和家属希望引产，快点儿把孩子生出来。

   (   )(4) 如果孕妇的宫颈条件良好，胎位正常，没有必要进行剖腹产。

   (   )(5) 孟医生觉得7床病人有必要进行剖腹产。

   (   )(6) 进行剖腹产要先打催产素促进宫缩，并进行人工破膜。

8. 根据课文内容选择正确答案

   (1) 孕妇应定期做：

   A. 阴道检查　　　B. 产前检查　　　C. 超声波检查　　　D. 宫颈检查

   (2) 下列什么时间生孩子的产妇是过期妊娠产妇：

   A. 39孕周　　　B. 40孕周　　　C. 41孕周　　　D. 43孕周

   (3) 病人在什么条件下适合进行剖腹产：

   A. 宫颈条件良好　B. 胎位异常　　　C. 胎位正常　　　D. 羊水合适

   (4) 催产素的作用是：

   A. 促进宫缩　　　　　　　　　　B. 进行剖腹产

   C. 进行人工破膜　　　　　　　　D. 进行激惹试验

(5) 下列哪种说法正确？

　　A. 过了预产期的胎儿在孕妇肚子里很危险

　　B. 不在预产期生孩子是异常的

　　C. 子宫里的羊水多少很重要

　　D. 引产还是剖腹产由产妇决定

9. 把下列句子连成一段话

(1) 这位产妇的预产期是2007年11月8日。

(2) 男婴身长五十厘米，体重三千四百克。

(3) 四十一、四十二孕周时，我们发现她宫颈条件不太好，就安排她每周做两次无激惹试验，要求她记录胎动。

(4) 我们根据产妇和胎儿当时的情况，给她打催产素促进宫缩，还进行了人工破膜。

(5) 四十孕周的时候，她的身体很正常，胎位也正常。

(6) 四十二孕周快结束的时候，产妇还没有宫缩。

(7) 上星期我们对一例过期妊娠产妇做了引产手术。

(8) 引产手术进行了七个小时左右，她顺利生下一个健康男婴。

附录：常用专业词语

人工流产（人流）	réngōng liúchǎn (rénliú)	abortion
药物流产	yàowù liúchǎn	drug abortion
宫外孕性流产	gōngwàiyùnxìng liúchǎn	tubal abortion
胎头吸引术	tāitóu xīyǐnshù	vacuum extractor of fetal head
产钳术	chǎnqiánshù	obstetric forceps delivery

参考译文

Text

Characters

Intern supervisor—Zhang Ming
Intern—Kaqi
In-patient of Department of General Surgery—Wang Zhihong (37 years old)

1. Dialogue

Kaqi:	Doctor Zhang, there is a new patient in the 16th bed, do you want to see him now?
Zhang Ming:	I will have an important operation soon, would you please help me to find out what the matter is with him?
Kaqi:	OK! I will go right now.
Wang Zhihong:	Doctor, I have got a lump in the lower abdomen, I must have got a tumor!
Kaqi:	Don't be so frustrated. Please show me where the lump is?
Wang Zhihong:	Here it is.
Kaqi:	Oh. It is in the right side of groin. When did you find the lump?
Wang zhihong:	When I moved the things the day before yesterday, I suddenly felt gas pain in the abdomen, and then in the afternoon I found a protruded piece in the abdomen, however, it disappeared when I went to bed at night. Doctor, is there anything wrong?
Kaqi:	Have you had any other symptom such as cough or constipation?
Wang zhihong:	I am often constipated.
Kaqi:	It might not be a tumor, but a hernia.

2. Dialogue

Zhang Ming:	How is the patient of the 16th bed doing?
Kaqi:	He has a lump around the groin, and feels pain.
Zhang Ming:	What kind of lump is it?
Kaqi:	It is pear-shaped with a pedicel and handle. The patient said he can feel the lump while standing, and walking, but no lump while lying.

Zhang Ming:	It is something like an inguinal hernia. Has the patient ever had a chronic cough or constipation, or a prostatic hypertrophy before?
Kaqi:	He is often constipated. Besides, the patient is a construction worker and does tough manual work.
Zhang Ming:	Oh, in that case it is most likely to be so.
Kaqi:	In palpation, the patient's lump was soft and smooth.
Zhang Ming:	En. It is not difficult to diagnose an inguinal hernia. Let's go and see the patient again.

3. Connected Speech (Kaqi to Wang Zhihong)

Mr. Wang, according to the outcome of your physical examination, we can make a definite diagnosis that you have got an inguinal hernia. Perhaps it has something to do with your hard manual work and long-time constipation. If the inguinal hernia was not dealt with in time, the hernia would increase in size gradually. So we will give you an operation to treat the hernia. You should stay in the hospital and be observed for several days. Before the operation, you cannot smoke and drink. After the operation, in the respect of food, you should have more meat, eggs and milk. These foods with high protein can help you recover. And the vegetables with crude fibre, such as Chinese chive can make your defecation easy, and prevent you from suffering a relapse of hernia. Therefore you can eat them more. In addition, you should keep warm, and avoid having a cold and cough. If you have to cough, press the wound with your hand. If you find the hernia recurs or testis reduces in size on the side of the operation, you should come back to the hospital for a check as soon as possible.

Lesson 2

Text

Characters

> Intern Supervisor—Wu Wei
> Intern—Bairuidi
> In-patient of Department of Hepatobiliary surgery—Hong Zhong (male, 50 yeas old)
> Family of the patient—Yang Yang (Hong Zhong's wife)

1. Dialogue

Wu Wei: A patient has just been transferred from the emergency room. Bairuidi, hurry up, let's go and see him!

Bairuidi: All right! Oh! The patient looks very pale and in a painful state.

Yang Yang: Doctor! Two hours ago my husband was struck on his abdomen, and now it is extremely painful.

Wu Wei: How was he struck?

Yang Yang: After lunch he repaired the lamp and fell down from the table to the ground. He was struck on the left side by the chair.

Bairuidi: Mr. Hong! Can you speak to us?

Hong Zhong: Yes, I can!

Bairuidi: Do you only feel pain on the left chest and abdomen?

Hong Zhong: It was so in the beginning, but gradually spread to the other places, and now I feel painful in the abdomen. I also have abdominal distention.

Wu Wei: Is the pain persistent or intermittent?

Hong Zhong: It is persistent.

Wu Wei: Did you vomit any blood after injured?

Hong Zhong: No!

Wu Wei: Did you have any blood in your urine?

Hong Zhong: No!

Bairuidi: Do you feel more pain or less so far?

Hong Zhong: It is getting worse, especially when I make some movement or take a deep breath.

Wu Wei: Do you feel painful in any other parts of your body except the left chest and abdomen?

Hong Zhong: No!

Bairuidi: Do you have any other symptoms?

Hong Zhong: I get palpitation, a little bit dizzy, and extremely thirsty.

Yang Yang:	Doctor! Is my husband seriously injured? Is it dangerous?
Wu Wei:	Don't worry. We will make a complete examination.
Bairuidi:	Doctor Wu, shall I give a palpation to the patient?
Wu Wei:	All right. After palpation, ask the nurse bring him to have the routine blood examination, chest X-ray and B ultrasonic examination of the abdomen.

2. Connected Speech (Bairuidi to Dr. Wu)

Dr. Wu, all the examinations of the patient of bed No. 2 have been done. According to his case history, clinical evidence and the results of the adjuvant examinations, I have made the diagnosis that the patient is suffering from rupture of the spleen because of: 1) The patient has the history of abdominal injury; 2) According to the results of examinations, the patient's vital signs are normal, but he looks pale and has an abdominal distention. Just now, I found his bowel sound decreased. There is obvious tenderness, rebound tenderness and muscle rigidity on the left upper quadrant. 3) Through abdominal puncture, we drew uncoagulated blood; 4) The left 8th anterior rib fracture judging from chest X-ray; 5) B ultrasonic examination revealed hemoperitoneum. Therefore, the diagnosis of internal hemorrhage caused by peritoneum trauma can be made by the above-mentioned facts, which is most likely to be the rupture of the spleen. Is the best therapy an immediate operation now?

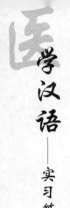

Lesson 3

Text

Characters

Intern Supervisor—Sun Haiming
Intern—Bairuidi, Shana
In-patient of Department of Hepatobiliary Surgery—Li Long (male, 55 years old)
Family of the patient—Fang Fang (Li Long's wife)

1. Dialogue

Sun Haiming: Bairuidi, have you read the medical record of bed No. 7 as I have just asked?
Bairuidi: Yes, I have. He was transferred from the internal medical department two days ago. They have suggested that he should have an operation.
Sun Haiming: What diagnosis have they made?
Bairuidi: Acute hemorrhagic necrotizing pancreatitis.
Sun Haiming: What symptoms does he have?
Bairuidi: He has got sudden severe pain at epigastrium. He feels nauseated and vomits with swollen abdomen and signs of peritoneal irritation.
Sun Haiming: Have the blood and urine amylase increased?
Bairuidi: It was very high when he had just been hospitalized, afterwards it came down to the regular value abruptly, but his condition is getting worse.
Sun Haiming: What about the result of CT?
Bairuidi: CT examination demonstrates that the pancreas is swelling with unequal quality and there is an infiltration outside.
Sun Haiming: How long has he been in hospital?
Bairuidi: For 18 days. He has been given conservative treatment in the internal medicine in the last two weeks.
Sun Haiming: I think that it is time to give him an operation now. Let's go to see the patient for more information.

2. Dialogue

Fang Fang: Doctor, physician said that my husband should be transferred to your surgical department for an operation. But why hasn't he been given an operation for three days?
Sun Haiming: Don't worry. Let us give him an examination first.
Bairuidi: Dr. Sun, according to the nurse's record, the patient is having a high fever with

	the temperature between 39℃ and 40℃.
Sun Haiming:	Has your husband sometimes raved in a fever?
Fang Fang:	Yes, he has. I was much frightened. I really worry about him...
Sun Haiming:	Don't worry about him too much. It is not good to give him the operation too early.
Fang Fang:	Why?
Sun Haiming:	The patient would suffer a relapse if he received the operation too early. In that case, he would need another operation, which is more painful and dangerous.
Fang Fang:	When is the right time then?
Sun Haiming:	Generally, the proper time is within 3 to 6 weeks. According to his condition, we will arrange tomorrow's operation for him.
Bairuidi:	Mrs. Li, please sign on the agreement for the operation.

3. Connected Speech (Bairuidi to Shana)

Shana, do you know? "The sooner, the better" is a misconception concerning the treatment for a patient of acute hemorrhagic necrotizing pancreatitis. The patient of bed No.7 has already been at the internal medical department for two weeks and treated with a conservative therapy and then he was transferred to our department two days ago for the operation. The wife of the patient worried very much and asked us why we have not yet operated on her husband. Dr. Sun told her that the best operation occasion is within 3–6 weeks, because it would be difficult to divide the boundary between the necrosis pancreas and normal part and hard to clear out the necrosis part if the operation was done too early. In that case, the excision would be too little and the metastasis would keep growing and sometimes the patient would need another or more operations; if the excision was too much, it would add up the wound of the patient. However, each patient's condition is different, if in the early phase, the patient has an acute life-threatening abdomen, he should be operated immediately.

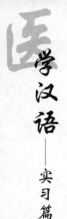

Lesson 4

Text

Characters

> Intern Supervisor—Ma Ming
>
> Interns—Shana, Kaqi, Abudula and Bairuidi
>
> In-patient of the Department of Hepatobiliary Surgery—Huang He (female, 50 years old)

1. Dialogue

Ma Ming: Today, let's discuss the therapeutic schedule of the patient in bed No.5. Kaqi, please tell us the results of her B-ultrasonic and CT scan.

Kaqi: The results of B-ultrasonic and CT scan demonstrate a hydatoncus on the right liver, the diameter is about 13cm.

Shana: The patient's white blood cell amount has risen. Does it mean that the patient already had a secondary infection?

Ma Ming: Correct. Look, the B-ultrasonic also shows thickening walls, indicating a secondary infection.

Abudula: The medical record shows that the patient has gas pain in the hepatic region, nausea and vomiting. She has a low fever as well.

Ma Ming: Now, tell me. Does a patient like this need a surgical treatment?

Kaqi: If the hepatic cyst patient shows no symptom of discomfort, he does not need a surgical treatment.

Shana: This patient already has a secondary infection and obvious symptoms of discomfort.

Abudula: Her cyst is over 10cm—it is a giant cyst.

Kaqi: So she should have an operation as soon as possible.

Ma Ming: Right. You have made great progress recently!

2. Dialogue

Shana: Hello, Auntie Huang. Just now Dr. Ma came to see you. Did he tell you that you will have an operation tomorrow?

Huang He: Yes, he did. But I'm still a little scared.

Shana: Don't worry. This is not a complicated risky operation.

Huang He: Will it be very painful? I am the kind of person who fears pain most.

Shana: Before the operation, we will apply anaesthetic. You will feel no pain during the operation.

Huang He:	Is Dr. Ma good at operation?
Shana:	Please be at ease. Dr. Ma is the most experienced doctor in our department. Many patients want to be operated by him.
Huang He:	Really? That's good then. Is hepatic cyst a tumor? Do I need chemotherapy afterwards?
Shana:	Hepatic cyst is not a tumor. You can leave the hospital soon after the operation. There is no need of chemotherapy. You can set your mind at rest.
Huang He:	Will my liver be cut off?
Shana:	No. It will only remove the cyst.

3. Connected Speech (Shana said to Bairuidi)

Bairuidi, the patient in bed No.5 of our department has a hepatic cyst. When I did the physical examination for her, I found a rather big lump in her epigastric region. The surface is smooth, like a capsule, with no obvious tenderness against pressing. Palpation also showed her liver was bigger than normal. The results of her abdominal B-ultrasonic and CT scan showed a cyst on her right liver, about 13cm big. It is a giant hepatic cyst. The medical records showed that she has gas pain in the liver of the right epigastric region. She also had nausea and vomiting and a low fever. Her white blood cells were also high. All these showed she had a secondary infection. Dr. Ma will give her an operation tomorrow. Dr. Ma said that the operation can be carried out with the help of peritoneoscope. It would be done by puncturing the cisternae with a needle, and draw out all the fluid. The surface of the cyst would then be cut and the capsular space would be douched by 10% sodium chloride, hydrogen peroxide solution and physiological saline. The whole operation will not be complicated. Dr. Ma would like us to be his assistants at the operation tomorrow.

Lesson 5

Text

Characters

> Intern Supervisor —Shi Ping
> Interns—Abudula, Shana and Kaqi
> In-patient of Department of Neurosurgery—Wang Guo Hua (male, 18 years old)
> Family of the patient—Li Xiaohong (the patient's mother)

1. Dialogue

Shi Ping: Today, we'll discuss the patient in bed No. 15. Shana, You first.

Shana: Yes. Wang Guohua, male, 18 years old. Four years ago, he was hospitalized because of numbness of limbs caused by Viral Encephalitis. Epilepsy was diagnosed.

Abudula: At that time, he received medical treatment and was given Phenobarbital and Sodium bromide tablets. Two years later, he recovered. The patient had no psychotic symptoms of depression, schizophrenia and so on.

Shana: One month ago, the patient had recurrence of epilepsy and he was hospitalized again.

Shi Ping: How come that epilepsy relapsed suddenly?

Abudula: According to the patient's family, the patient became crazy about electronic game last year. The recurrence happened while he was playing electronic game.

Shana: Did epilepsy relapse due to tension caused by playing electronic game for a long time?

Shi Ping: Probably so. Besides, playing electronic game can have intense stimulating effect on a person's vision and hearing, causing excessive discharge of cerebral neurons, and then induce epilepsy.

2. Dialogue

Shana: Dr. Shi, the patient in bed No.15 is having a seizure again. Please have a look at him as soon as possible.

Shi Ping: Ok. I'm coming!

(Dr. Shi went to rescue the patient. An hour later the patient gets better.)

Li Xiaohong: How's my son now, Doctor?

Shi Ping: He's fine now. Are there any symptoms before his seizure?

Li Xiaohong: He told me at noon that he had chest distress and stomach discomfort. He could not hear and see clearly.

Shana:	That is the prodrome of seizure. You should have told us at that time.
Li Xiaohong:	I see. What shall we do now?
Shi Ping:	We are going to do brain CT and MRI for him in order to locate the focus.
Li Xiaohong:	I heard that epilepsy can be cured by surgical treatment. Can my son have an operation?
Shi Ping:	We need to examine him further to see if he is fit for surgical treatment.
Shana:	Auntie Li, we understand how you feel, but we should not make decisions in haste.

3. Connected Speech (Shana to Kaqi)

Hi! Kaqi. Yesterday when I was on duty in the Department of Neurosurgery, the patient in bed No. 15 suddenly had leg convulsion, dilated pupils and oral discharge. I immediately went to Dr. Shi. He said that it was typical grand mal epilepsy. He asked me to slowly lay the patient down and put a piece of gauze between his upper and lower teeth before his mouth shut tight, preventing him from biting his own tongue. Dr. Shi loosened the patient's collar and turned his head to one side, so that secretion of airway could be discharged in time. By doing so we successfully prevented the secretion from entering the patient's trachea and causing asphyxia. Dr. Shi also told me that epileptic seizure would not stop until the discharge of cerebral neurons was over, and then the convulsion stopped. The family said that two years ago the patient had recovered, but playing electronic game too long recently induced the recurrence of epilepsy. I think that rehabilitation nursing of epilepsy patients must be done very carefully and considerately by patients' family.

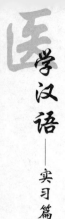

Lesson 6

Text

Characters

> Intern supervisor—Shi Ping
> Intern—Kaqi
> In-patient of Department of Neurosurgery—Huang Jianguo
> Family of the patient—Zhou Hua (Huang Jianguo's mother)

1. Dialogue

Shi Ping: Kaqi, a patient was transferred from the Otolaryngological Department several days ago. Have you checked his condition?

Kaqi: Yes, I have. I've read his medical record. The patient had recurrent pain in his right ear 6 years ago, accompanied with suppuration. And the local clinics treated him by diminishing the inflammation.

Shi Ping: It seems that the patient did not go to a formal hospital for treatment.

Kaqi: No, he didn't. 5 days ago, the patient's right ear suddenly started bleeding, and have a suppuration and severe headache, accompanied with nausea and vomiting. He was sent to our hospital's Otolaryngological Department.

Shi ping: What was the diagnosis?

Kaqi: Chronic suppurative otitis media. Based on the X-ray examination result, brain abscess is suspected.

Shi Ping: From the X-ray film, inflammation in the patient's cerebellum can be identified.

Kaqi: Can we come to the definite diagnosis now?

Shi Ping: No, until we identify the exact position and size of the infected area. Go and tell the patient to get ready for a brain CT scan right now. And you can tell me your diagnosis after that.

2. Dialogue

Zhou Hua: Doctor, my son has been treated in the hospital for nearly a week. Why doesn't he turn better?

Kaqi: He got chronic otitis media several years ago. You should have taken him to a formal hospital for examination earlier.

Zhou Hua: He stayed at school all the time, and never told us that he was not feeling well. Moreover, we did not associate his headache, nausea and vomiting with otitis media.

Kaqi: If Otitis media recurs, it may lead to brain infection, and these syndromes would

	develop.
Shi Ping:	Xiao Huang, how are you feeling now?
Huang Jianguo:	I've got a severe headache, right here (pointing to the back of his brain). Sometimes I feel pain in my neck and forehead.
Shi Ping:	(Examining the patient's eyes) There is an edema in the fundus.
Zhou Hua:	Is there any efficient treatment?
Shi Ping:	We can't make a definite diagnosis now. We need to give him a CT scan of the brain. Before that, we'll use antibiotics for initial treatment.

3. Connected Speech (Kaqi to Doctor Shi)

Doctor Shi, the report of the patient's brain scan came out. Here's my diagnosis: There is a round low density focal zone with a clear boundary in the patient's right cerebellum. After the vein injection of radiocontrast agents, an annular high density area around the focal zone appears. This is the typical "annular indication" of brain abscess which may be caused by the patient's recurrent ostitis media. In the previous treatment, we used penicillin, metronidazole and the 3rd generation cephalosporin as a combined therapy, but the treatment isn't really effective. And now the patient's abscess is almost 3×2 cm, which is quite a severe condition. To prevent the abscess from expanding and turning into complications, shall we perform surgical brain abscess resection on him as soon as possible? As the envelope of the abscess in the patient's brain is intact and the abscess is not situated in the important function region of the brain, I think that the risk of the operation is relatively low.

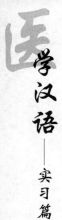

Lesson 7

Text

Characters

> Intern Supervisor—Li Fan
> Interns—Abudula, Bairuidi
> In-patient of Department of Orthopedics—Wang Xiaojun
> Family of the patient—Zhou Fan (Wang Xiaojun's mother)

1. Dialogue

Bairuidi:	Abudula, do you know anything about the patient of Bed No. 4 ?
Abudula:	No, I have just come over from the Internal Medical Department today. Dr. Li is coming. We can ask him about it.
Bairuidi, Abudula:	How do you do, Dr. Li ?
Li Fan:	How do you do? Are you the interns who have just come today?
Bairuidi:	Yes, I am Bairuidi, and he is Abdullah. The director has asked us two to be in charge of the patient of Bed No. 4. Would you please tell us something about the patient?
Li Fan:	Ok. You'd better read his medical record first.
Abudula:	The patient Wang Xiaojun fell down and hurt his right wrist 2 weeks ago. When he came to the hospital, his wrist was malformed like a fork and the measurement of the stick test was positive.
Bairuidi:	The X-ray shows that the patient's far end of radius has fracture and there is a small piece of bone avulsion on styloid process of ulna.
Li Fan:	Good reading. From the clinical symptoms and X-ray, it turned out to be the typical colles fracture at the far end of radius.
Bairuidi:	How has he been treated then?
Li Fan:	We have had the wrist repositioning and put it in plaster. Now the patient is recovering and after a week's observation he can leave hospital.

2. Dialogue

Wang Xiaojun:	Doctor, when will my wrist be recovered?
Bairuidi:	You have to be patient, the recovery of fracture is comparatively slow. How are you feeling now?
Wang Xiaojun:	I still feel a little pain on the right hand, and it is still swollen. Is it possible that my ligament has also been injured?

Bairuidi:	It is unlikely. You feel pain and your hand is still swollen because it has been in plaster and fixed for a long time.
Wang Xiaojun:	Can I do exercises with my right hand now?
Bairuidi:	Sure, appropriate exercises can help your hand to be detumescent.
Wang Xiaojun:	How shall I do exercises?
Bairuidi:	As long as it does not hurt, you can do some bending and stretching exercises with the wrist. Otherwise you must stop it immediately.
Wang Xiaojun:	OK, thank you! Well, I only used my hand to support myself when I fell down. How can I get fracture?
Bairuidi:	When you supported yourself with your hand, your wrist have to bear more weight .Therefore it is easy to be fractured.
Wang Xiaojun:	Oh, I will surely be more careful thereafter.

3. Connected Speech (Bairuidi to Zhou Fan)

Mrs. Zhou, your son recovers well these days and his hand will not need the fixation any more in a week, but complete recovery from the fracture will take 3 to 4 weeks. These days you should give him food with more nutrition like collagen, calcium, Vitamin C or D and so on. He should eat more bone soup and milk. He need more sunshine because it can help the production of vitamin D. In addition, the ordinary recovery training is also very important. You must often ask him to do some exercises, such as bending, stretching and turning exercises of the wrist, which can maintain the strength and train muscles and ligament of his hands. But notice that he shouldn't do that with too much strength for preventing from fracture again. As long as your son follows the above-mentioned instructions, he will recover soon. Please be at ease.

Lesson 8

Text

Characters

> Intern Supervisor—Mao Liping
> Intern—Shana, Abudula
> In-patient of Department of Orthopedics—Zhou Fengmei (female, 65 years old)

1. Dialogue

Zhou Fengmei:	Doctor Shana, you come for a clinical round so early.
Shana:	Yes, Madam Zhou. Do you still feel pain in your knee?
zhou Fengmei:	Yes, I do. When it is cloudy and rainy like this, it is getting far more painful.
Shana:	Perhaps it is because it is more wet and humid these days. I will check for you now. Please move your knee joint.
Zhou Fengmei:	Listen, there is a fricative sound when the joint is being moved.
Shana:	You should not lie on the bed all the time and you need to get out of the bed and do some exercise.
Zhou Fengmei:	I feel very stiff in my knees. They are getting much more painful when I move them, especially when I get up in the morning. Actually it is not convenient for me do any exercises.
Shana:	It will be better if you exercise a little bit.
Zhou Fengmei:	My knees seem to be swollen a bit.
Shana:	You are right. There is perhaps some effusion in the joint cavity. Have you taken the medicine prescribed by Doctor Mao on time?
Zhou Fengmei:	That is Ibuprofen. I have taken it regularly.
Shana:	Good. Then you can take a rest now. We will give you an X-rays examination in the afternoon. And I will come and see you again when the result comes out.

2. Dialogue

Mao Liping:	Shana, how about your clinical rounds in the morning?
Shana:	The patient with gonarthritis in the 21th bed said she felt much more pain in her knees when she got up in the morning, and the knee joints were stiff.
Mao Liping:	This is the syndrome of morning stiffness. Is there any friction sound from the patient's knees?
Shana:	Yes, it can be heard clearly.

Mao Liping:	It is due to the damage in the cartilage of patient's knees, which makes the knee joints rough.
Shana:	And the patient's knees are a little bit swollen. There seems to be some effusion in the joints.
Mao Liping:	Has the result of X-ray come out?
Shana:	Yes. Here you are.
Mao Liping:	En. The extremities are a little distorted, and the clearance of joints is not symmetrical.
Shana:	That is right. The joints looks very rough.
Mao Liping:	Look here, it is obvious that there is hyperosteogeny around the edge of the joints.
Shana:	It is no wonder that the patient feels much pain in the knee joints and has much trouble moving around.

3. Connected Speech (Shana to Abudula)

Abudula, Madam Zhou, the patient of the 21th bed has got osteoarthritis in her knee joints. This kind of osteoarthritis will never suppurate, but it will cause much pain to the patient and it is very inconvenient for the patient to move around. The doctor has first prescribed Ibuprofen to relieve her pain. The x-ray shows that the patient's cartilage of the joint has been seriously damaged. So a few days later, we plan to inject Hyaluronic acid into the knee joints, which is very effective in lubricating the joints, and protecting the articular cartilage. Doctor Mao has told me that the patient is much old in age, and her connective tissue is ageing. It is impossible for her to recover completely. But the right therapy can help to prevent it from going further. Doctor Mao has also asked me to tell the patient in the clinical rounds tomorrow that proper exercises should be done in the future, but not too excess so that there will be no wear and tear on the joints. Doctor has also asked me to tell her to eat more food with high calcium, but with a right amount at the same time so that she can lose some weight, and reduce the burden of the joints.

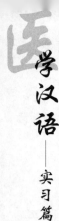

Lesson 9

Text

Characters

Intern supervisor—He Guoqiang
Intern—Bairuidi
In-patient of Department of Urinary Surgery—Qian Qian (male, 38 years old)
Family of the patient— Mei Zi (Qian Qian's wife)

1. Dialogue

Meizi: You are still suffering hematuria!

Qian Qian: En, it is still painful in the waist and stomach.

Meizi: What shall I do? You have been in hospital for four days and had Chinese medicine on time every day, but there is still no improvement.

Qian Qian: I'm not feeling very well now, you'd better call the doctors here.

Meizi: Dr. He and Dr. Bai, my husband is very uncomfortable now, would you like to see him?

He Guoqiang & Bairuidi: OK.

He Guoqiang: Mr. Qian, where do you feel uncomfortable?

Qian Qian: I feel pain in the waist and abdomen. I am cold and sweaty and I also feel nauseated and want to vomit.

Bairuidi: Your forehead is very hot. Maybe you have a fever. Let me take the temperature.

He Guoqiang: Bairuidi, check his blood pressure and pulse, too.

Bairuidi: OK.

Meizi: Doctor, why has there been no improvement after my husband has taken the traditional Chinese medicine for several days?

He Guoqiang: Don't worry. We can only decide what to do next after the results of his various examinations come out.

2. Dialogue

He Guoqiang: Bairuidi, have the results of bed No.1 come out?

Bairuidi: Yes. Look, the urine routine shows there are red blood cells, and more pus cells. The pH of urine is acidic.

He Guoqiang: Right, blood routine shows the WBC and neutrophil cells have increased.

Bairuidi: This is the result of the X-ray examination.

He Guoqiang: You see, stones in the ureter are approximately 1.7 cm in diameter.
Bairuidi: Dr. He, has the large stone in the urinary tract caused obstruction?
He Guoqiang: Right. The obstruction has led to the infection, judging from the urine and blood test results.
Bairuidi: We have used the traditional Chinese medical treatment before, but the effect is not obvious. Shall we use ESWL?
He Guoqiang: The stone is big, and it's better to do ureterolithotomy.
Bairuidi: What shall we prepare before the surgery?
He Guoqiang: Take an X-ray picture for the urinary tract to ensure the final location of the stones.

3. Connected Speech (Bairuidi to the patient and his wife)

Congratulations, Mr. and Mrs. Qian, the surgery is very successful and Mr. Qian's stone has been taken out. Mr. Qian has recovered very quickly, Dr. He said that he can leave hospital tomorrow. In order to prevent the stones from being re-formed, you must pay attention to your diet afterwards. You should drink plenty of water. The total daily intake of water should be more than 2,500 milliliters. You should drink water on average and regular intervals, avoid drinking too much water once in a short time, or not drinking for a long period of time. Have some water at night, too. You should eat less fish, meat, animal offal, seafood, coffee and so on. Eat less high-acid foods, such as spinach, cocoa, black tea, chocolate, potatoes, and tomatoes and so on. Don't take or take less medicine relative to the formation of stones, such as vitamin C, aspirin and acid-inhibitory drugs for treating ulcer disease. You should let the doctor know about your history of stones when you see a doctor next time.

Lesson 10

Text

Characters

> Intern supervisor—Zhou Le
> Intern—Abudula
> In-patient of Department of Urology—Cao Lei (male, 16 years old)

1. Dialogue (in the morning, Abdullah is making patient rounds)

Abudula:	Cao Lei, good morning. How do you feel today, a little better?
Cao Lei:	I still have frequent urination. It makes me very sick.
Abudula:	How? Do you have pain when you urinate?
Cao Lei:	Yes.
Abudula:	What kind of pain? Do you feel burning in the urethra?
Cao Lei:	Yes, it happens every time when I urinate.
Abudula:	Do you always feel bloated and pain in the bladder?
Cao Lei:	Yes, very uncomfortable.
Abudula:	Have you found blood in the urine?
Cao Lei:	Yes, sometimes. Doctor, is this very serious?
Abudula:	We are not sure yet. How long have you been suffering from all this?
Cao Lei:	About one or two months. It is getting worse recently. And I'm terribly worried.
Abudula:	Don't worry. I will arrange the examination for you. We'll diagnose it after the results come out, OK?
Cao Lei:	OK. Thank you.

2. Dialogue (in the office)

Abudula:	Doctor Zhou, I think the 6th bed patient may contract chronic prostatitis. But he's only 16. Do people of this age contract this illness?
Zhou Le:	Although this is the common disease among adult males, it's probable for teenagers to contract this disease.
Abudula:	Oh, I remember. It's called puberty chronic prostatitis.
Zhou Le:	Yes. Have you read the examination record?
Abudula:	Yes. When rectum finger touching was conducted, swollen prostate and seminal vesicle were felt. The prostate had a velvet surface, with tension, and obvious pain if pressed.
Zhou Le:	What are the results of prostatic fluid examination?

Abudula:	45% lecithin body, leucocyte + +, and mycoplasma +.
Zhou Le:	Well, your diagnose is confirmed.
Abudula:	The patient is feeling bad, what shall we do to relieve his pain?
Zhou Le:	As teenagers usually don't have bacterial infection, we won't use antibiotic for the time being; we'll try Chinese traditional medicine treatment first. If the situation does not improve, we'll consider using antibiotic and physical therapy.

3. Connected Speech (Abudula to Cao Lei)

Lad, based on your symptoms and examination results, we diagnose you have puberty chronic prostatitis. But don't worry. Your disease is not hard to treat and there's no need for operation. You will recover gradually as long as you cooperate with us. Now we first use Chinese traditional medicine. Normally, the condition will improve after the treatment. If it doesn't, we'll turn to antibiotic and physical therapy. During this period, you should take a 10-20 minute warm water sitz bath every day, and massage the anus and surrounding perineum. Based on your present situation, you'll leave the hospitable in a couple of days if the condition gets stable. But remember to do exercises to enhance your immune system after you go home. And go cycling as little as possible to avoid the friction with the prostate. Don't hold back your urine as well, because it easily leads to micturate inability, and the recurrence of prostatitis. I wish you a speedy recovery!

Lesson 11

Text

Characters

Intern supervisor—Wang Jian
Intern—Abudula

1. Dialogue

Abudula: Doctor Wang, here are the pathological report and CT report of biopsy of the pulmonary of Bed No. 3 patient's. Your judgment is accurate that his lung cancer is at the advanced stage with osseous metastasis.

Wang Jian: What kind of cancer is it based on the pathocligic result?

Abudula: Adenocarcinoma. This is the CT report, Doctor Wang. Is adenocarcinoma one of the non-small cell carcinoma?

Wang Jian: Yes. Oh, look at this. The primary lesion in lung is not serious, but there are metastatic lesions in the forth and fifth thoracic vertebrae and the left scapula. His lung cancer has developed to the fourth stage, which is quite severe.

Abudula: Can he get a surgery?

Wang Jian: It is too late. Surgery can not help.

Abudula: So we are going to give him chemo and radiotherapy?

Wang Jian: Yes. It seems that you've made great progress recently. Do you think that chemo and radiotherapy have the same purpose?

Abudula: They are both applied to kill malignant cells and have the same purpose.

Wang Jian: You can think it again.

Abudula: Ah? Doctor Wang, can you talk about it in detail?

Wang Jian: Every patient is unique. For this patient, chemotherapy is directly targeted at the primary lesion to inhibit the growth of the malignant cells.

Abudula: What about radiotherapy?

Wang Jian: Radiotherapy is not for the primary lesion.

Abudula: Is radiotherapy for the metastatic lesion?

Wang Jian: Yes, it uses radioactive rays to kill ambient nerve in the forth and fifth thoracic vertebrae and the left scapula.

Abudula: Why?

Wang Jian: It can reduce the pain brought by osseous metastasis, and improve the patients' life quality.

Abudula: Oh. We still have a long way to go. Um, there is a case discussion held by interns

in the afternoon, and I want to talk about this case and treatment plan.
Wang Jian: Ok, you can go to prepare it.

2. Connected Speech (the introduction given by Abudula in the discussion)

Now, I would like to talk about the case of No. 3. Bed No. 3 is Li Fang, male, fifty-one years old. He used to be a worker, and had been smoking for more than seven years. He got no medical check in the past five years before his hospitalization. One month ago, he got a chest pain, and had dry cough at the same time. And one week ago, he came to the clinic service. We gave him an X-ray in clinic service, and diagnosed him as lung cancer. He was hospitalized three days ago. We have given him a thoracentesis and CT test. Pathological report of thoracentesis demonstrates that he has bellows adenocarcinoma, and CT told that there are metastatic lesions in the forth and fifth thoracic vertebrae and the left scapula. His lung cancer has developed into the fourth stage. The patient seems strong and blood analysis shows that his liver and renal function has no problem. Doctor Wang Jian proposed to use carboplatin for the chemo. And he will further decide the next plan after two period of treatment. At the same time of chemo or after it, we may suggest the patient to get the radiotherapy for the metastatic lesion. The purpose of radiotherapy is to kill ambient nerve of metastatic lesion, reducing the pain, in order to improve patients' life quality.

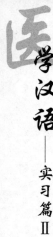

Lesson 12

Text

Characters

Intern supervisor—Cheng Lipeng
Intern—Bairuidi
In-patient of Department of Oncology Surgery—Hu Lanhua (female, 25 years old)

1. Dialogue

Bairuidi:	Hello, Miss Hu.
Hu Lanhua:	Hello, Doctor. Have I got a malignant tumour?
Bairuidi:	It is still unknown yet. We are preparing a puncture biopsy for you to make a definite diagnosis.
Hu Lanhua:	It is said that biopsy is just like an operation. You do it by scraping the tumour out. Is that right?
Bairuidi:	A puncture biopsy does not need an operation. We just take out a small piece of living tissue of the tumor with a puncture needle for an examination.
Hu Lanhua:	Will it hurt very much?
Bairuidi:	We will give you a local anaesthesia before the puncture. It will not be painful.
Hu Lanhua:	I was told that the cut of biopsy is similar to that of an operation. Is that true?
Bairuidi:	The previous surgical biopsy will be like that. Now we do the biopsy with the advanced puncture needle. There will only be a small cut and the results will be very prospective.
Hu Lanhua:	Is the puncture biopsy more expensive?
Bairuidi:	No, it is cheaper than surgical biopsy.
Hu Lanhua:	Oh, in that case I am relieved now. Thank you!

2. Dialogue

Chen Lipeng:	Bairuidi, please give me the results of the pathologic examination for the 6th bed patient.
Bairuidi:	OK. Here you are.
Chen Lipeng:	Oh, it is a breast Fibroadenoma.
Bairuidi:	Is it an innocuous tumour?
Chen Lipeng:	Yes, it is.
Bairuidi:	Is an operation necessary?

Chen Lipeng:	The diameter of the tumour body is 4cm, and it would be better to have a surgical therapy.
Bairuidi:	Will there be canceration if there is no operation?
Chen Lipeng:	There is little chance to cancerate for breast fibroadenoma, but there is still possible.
Bairuidi:	Under what circumstance?
Chen Lipeng:	In most cases, there will be no malignant transformation, but if there is such a dramatic change in endocrine conditions as pregnancy, menopause and so on, it will probably occur.
Bairuidi:	Should the patient's breast be cut in this case?
Chen Lipeng:	No, only the body of the tumour should be cut.
Bairuidi:	Does the patient need radiotherapy or chemotherapy after the operation?
Chen Lipeng:	No, she only needs some treatment for the cut to diminish inflammation.

3. Connected speech (Bairuidi to Hu Lanhua):

Miss Hu, the result of your mammary glands biopsy shows that it is a mammary fibroma, which is a benign tumour. Generally, it has no influence on your body, and there is little chance for malignant transformation. But it is still possible if the endocrine conditions change dramatically such as pregnancy and menopause, which can increase the possibility for malignant transformation. If the diameter of the tumour is less than 2cm, we would propose no surgery. However, the diameter of your fibroma is 4cm, we would suggest an operation immediately. You do not have to worry about it, because this operation will not remove the breast, only remove the fibroma. We will give you a local anesthesia before the surgery. You will feel no pain during the surgery. No radiotherapy or chemotherapy is needed after the surgery, only some injections of diminishing inflammation are used for preventing inflammation. The cut of the surgery will be small, and the absorbable suture silk is used to suture the cut. Therefore, there will be no apparent scars left after the surgery.

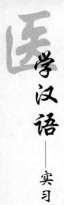

Lesson 13

Text

Characters

Intern Supervisor—Zhou Jianguo
Intern—Bairuidi
In-patient of Department of Tumor Surgery—Liu Minjian, (male 48 years old)
Family of the patient—Wang Meiying

1. Dialogue

Bairuidi: Mr. Liu, it's enough time for the body temperature measured. Let me have a look. Umm, 37.6℃, it's low fever.
Liu Minjian: It has always been low fever recently. By the way, why do I have pain here?
Bairuidi: How is that pain?
Liu Minjian: It is unlike the piercing of a knife or the gripping of a needle, but it is very fierce. The right shoulder also aches. I really can't bear it.
Bairuidi: Do not focus your attention on the pain. You can watch TV and shift your attention.
Liu Minjian: Does my liver have any problems?
Bairuidi: Have you had liver diseases before?
Liu Minjian: I was found out to carry the hepatitis B virus over ten years ago.
Bairuidi: Do you drink?
Liu Minjian: I like drinking very much. When the doctor told me to stop drinking, I only stop drinking ten days and then drank again.
Bairuidi: Drinking would do great harm to the liver.
Liu Minjian: Gosh! I regret what I have done!
Bairuidi: Don't worry. It is bad for the treatment. You'd better maintain an optimistic mood and coordinate with the doctor's treatment.

2. Dialogue (in the office)

Bairuidi: Dr. Zhou, the condition of No.60 bed is not good.
Liu Minjian: Yeah. The diameter of the single tumor in the patient's liver 12cm; and the spleen also starts to enlarge.
Bairuidi: The family of the patient wants him to have the surgery earlier.
Liu Minjian: The tumor is too big and his liver function is not good, he has liver cirrhosis now. Surgery is not suitable to remove it.
Bairuidi: Then, what shall we do?

Liu Minjian:	For we can use western medical treatment such as interventional chemotherapy, the gamma knife or the Proton Knife for radiotherapy. Meanwhile we should give him traditional Chinese medical treatment.
Bairuidi:	After all these treatments, can the tumor get smaller?
Liu Minjian:	This can't be sure. Each patient's condition is different.
Bairuidi:	To what extent can the surgery be done?
Liu Minjian:	If the diameter of the tumor reduces to 8cm or below, we may consider a surgery.
Bairuidi:	I hope after the chemotherapy or radiotherapy, the tumor can diminish.
Liu Minjian:	This would be the best. Please go to talk with his family about my opinion.
Bairuidi:	Ok. I'will go right away.

3. Connected Speech (Bairuidi to Wang Meiying)

Aunt Wang, I asked Dr. Liu a moment ago, and he said your husband had better not get the surgery since his tumor in the liver is a bit big and his liver function is not good. He also has liver cirrhosis, and his spleen is enlarging. This indicates that his condition is very serious and the liver cancer is already in the advanced stage. From the results, he has got the primary liver cancer. You may think it strange why he shows no symptoms only recently feel pain in the liver area, and have poor appetite, hypodynamia and emaciation, but when he came to the hospital, it has already been in advanced stage of liver cancer. This is because there are seldom clinical symptoms in the primary liver cancer in the early stage. Ninety-nine percent of the patients are diagnosed in the regular health examination. When the patient has symptoms such as liver ache and goes to the hospital for inspection, he has already come to the mid or late stage of liver cancer. But please do not worry too much. Dr. Liu said that your husband would have the interventional chemotherapy first, which will go with the traditional Chinese medical treatment at the same time. If the effect is good, the tumor reduces to the acceptable size for surgery, we might still give him a surgery. If the tumor cannot get smaller, we'll continue the traditional Chinese medical treatment for a long time. The patient would be very uncomfortable when getting the chemotherapy. You must encourage him, stabilize his mood and let him coordinate with the doctor's treatment positively. This can help him to lengthen the life and improve the quality of life. Certainly, you must maintain an optimistic mood when you are with him.

Lesson 14

Text

Characters

> Intern supervisor—He Dashan (Cardio-Thoracic Surgery)
> Interns—Abudula, Bairuidi
> Family of the patient—Qin Lan, (The patient's mother)

1. Dialogue

Bairuidi: Abudula, a little boy was hospitalized at bed No. 5 yesterday. Doctor He wants us to have a look.

Abudula: OK, let's go.

Qin Lan: Doctor, my child still has a bad cough today and he has difficulty to make a sound.

Bairuidi: Do you know why he was hospitalized?

Qin Lan: The doctor said he had heart murmur.

Abudula: How old is your child?

Qin Lan: He is six.

Bairuidi: But he looks thinner than children at his age.

Qin Lan: Right. He's not a strong child since birth. He is easy to have a cough and sweat and his weight and height doesn't reach the level of children at his age.

Abudula: What are the symptoms recently?

Qing Lan: He feels weak these days, and become breathless after only a simple move. He often feels flustered and has a chest tightness.

Bairuidi: Let me listen to his heart and lung again. All right, let him have a rest first.

Qin Lan: Doctor, What is his problem?

Abudula: Don't worry! The check result hasn't come out yet.

2. Dialogue

Abudula: Doctor He, the X-ray and echocardiogram test results have come out.

He Dashan: Ok. Let's see the X-ray first.

Bairuidi: The patient's right atrium enlarged and the pulmonary section obviously protruded.

He Dashan: How about the echocardiogram?

Abudula: The atrial septal defected.

Bairuidi: There are some systolic murmurs between the second and the third rib on the his

	left breastbone just now.
He Dashan:	Based on that, can you tell me your diagnosis?
Abudula:	Is it atrial septal defect caused by congenital heart disease?
He Dashan:	Yes . Do you remember what can cause this disease?
Bairuidi :	Environmental and genetic factors.
He Dashan:	What are environmental factors?
Abudula:	The infection of virus or bacteria when the mother is pregnant, such as rubella virus and Coxsackie virus.
Bairuidi :	It can also be caused by certain drugs taken by the pregnant mother influencing embryo growth.
He Dashan:	Good. Both of you learn very well and earnestly!

3. Connected Speech (Abudula to Qin Lan)

Miss Qin, according to the results of X-ray and echocardiogram and other checks, your son is diagnosed with atrial septal defect caused by congenital heart disease. This may result from virus or bacteria infection or the drugs you had taken when you were pregnant. Genetic factors also would do. All of these would affect the normal embryo growth, but the disease can be cured. There are two proposals here. The first one is to give him a thoracic surgery, and the other one is interventional therapy. The wound brought by the latter one will be smaller. Also it is very easy to recover and the patient can leave the hospital in two days after the operation. No drugs are needed usually. The therapy in the second proposal can bring the same treatment as the first one. According to the size and location of the atrial septal defect, and taking age and other factors into consideration, Doctor He said your child is fit for interventional therapy. So if you have no problem with it, please sign your name on the operation requisition. Here are some tips during the treatment: no water 10 to 12 hours before the operation, come to retest in 1 month and every three months thereafter (3, 6, 9 and 12 months). You can consider it and tell us your decision as soon as possibly.

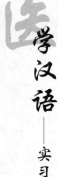

Lesson 15

Text

Characters

Intern Supervisor—Tao Chunlin
Intern—Abudula
The patient in bed No. 45 of thoracic surgery department—Li Hua, (female, 66 years old)
Family of the patient—Wang Fengqin (the patients's daughter, 40 years old)

1. Dialogue

Abudula: Mr. Tao, I has read the medical records of Bed No. 45. She got rib bone fracture.
Tao Chunlin: What's the reason?
Abudula: She was knocked down by a bicycle.
Tao Chunlin: What are the symptoms?
Abudula: The medical record shows that it's mainly chest pain. A deep breath would bring more pain, which result in the patient's breathe shoal.
Tao Chunlin: How about her respiratory tract?
Abudula: The patient has sputum, but she feared the pain and dare not cough. The outpatient service inspection found that she has respiratory tract secretion.
Tao Chunlin: How about the X-ray?
Abudula: Here it is.
Tao Chunlin: Look, the thoracic wall is deformed. And closed fracture can be seen in the 4th, 5th rib on the right side.
Abudula: Mr. Tao, did the broken end here slightly shift inward?
Tao Chunlin: Yes. The good thing is that the dislocation is not very serious and has not punctured the pleural membrane.
Abudula: It will hurt the lung tissues if it punctures the pleural membrane, right?
Tao Chunlin: Right, such things will produce hemothorax, pneumothorax and even more serious symptoms. Let's go and have a look.

2. Dialogue

Li Hua: Ouch, ouch ...
Tao Chunlin: Aunt, what's the matter?
Wang Fengqin: My mother had a chest pain and could not catch her breath.
Abudula: She has a rib fracture and the chest would feel hurt.
Wang Fengqin: Fracture? Why did she get fracture only by a hit of the bicycle?

Tao Chunlin:	Old people's ossein is quite loose, very easy to have the fracture by hits and falls.
Wang Fengqin:	Which rib did my mother break?
Abudula:	It's the fourth and fifth rib on the right side.
Wang Fengqin:	Can my mother cure at such an old age?
Tao Chunlin:	Don't worry. Generally speaking, the rib fracture would heal.
Abudula:	Aunt, do you feel there is a lot of sputum?
Li Hua:	Yes. I do not dare to cough because I can't bear the chest pain brought by cough.
Tao Chunlin:	I prescribe some analgesic for you first. Bairuidi, you can help the aunt to fix the thoracic.
Abudula:	Ok. Aunt, the analgesic is fixed well. You will not feel that painful anymore.
Tao Chunlin:	Aunt, you must let the sputum come out as soon as possible.

3. Connected Speech. (Abudula to Li Hua and Wang Fengqin)

Ms. Wang, please don't worry. Your mother's rib fracture isn't very serious, and the broken end is only slightly dislocated, which has not punctured the pleural membrane or injured the lung tissues. Your mother has already took the analgesic, and the thoracic has been fixed well which will ease her ache greatly. There is a lot of sputum in her respiratory tract, and if these sputum do not come out, it tends to cause atelectasis and complications such as lung infection and so on. Patients possibly do not dare to cough because of the pain, so you must encourage her to overcome the ache and let the phlegm come out. Let her drink more water to help sputum excretion. The chest ache will not be that hurt in several days, then let her get out of bed as soon as possible to do exercises. This will do good to her recovery. Old people's ossein is quite loose, easy to have the fracture, so please pay attention to her calcium deficiency and enhance her ossein to prevent fracture. You can let your mother drink milk because milk is rich in calcium and easy to absorb for human body. When leave the hospital, do not let her go out alone. Old people are clumsy, which may result in an accident.

Lesson 16

Text

Characters

Intern supervisor—Yue Jun
Interns—Abudula, Bairuidi
The patient of in bed No. 6 of ob/gyn department—Wang Ke'er (female, 22 years old, unmarried)

1. Dialogue

Abudula: Ke'er, your pre-surgical test is OK; you can undergo a surgery now.
Ke'er: Doctor A Du, I want to know whether my incision is big or not, because you told me that I have the bilateral ovarian teratoma, and the tumor is large.
Abudula: It depends on which operative method you want to choose.
Ke'er: I certainly prefer the one that will have mini-incision and quick recovery.
Abudula: There are now two options for you. Chief Yue asked me to find out your preference.
Ke'er: Could you explain them to me in detail?
Abudula: One is an excision through the abdomen, with a large incision, and slow postoperation recovery.
Ke'er: This method should be eliminated, I definitely won't choose it.
Abudula: But its fee is relatively cheaper, about 4000 Yuan, so some patients will choose it.
Ke'er: Oh, What about the other one?
Abudula: It is laparoscopic minimally invasive surgery, which has small incision, and quick recovery, but it costs about 10000 Yuan.
Ke'er: Let me think about it and then make a decision.
Abudula: OK.

2. Dialogue

(Ke'er chose the laparoscopic minimally invasive surgery and received it successfully. In the morning Yue Jun and Abdullah come and do a clinical rounds.)

Yue Jun: Ke'er, how're you feeling now?
Ke'er: I recover so fast. The laparoscopic minimally invasive surgery is pretty good.
Abudula: Yeah, you recover quickly and become more and more beautiful.
Ke'er: You are really kidding me. In fact, I feel embarrassed to ask such a question. I'm unmarried, but the name of the disease sounds like that I have a teras.

Yue Jun:	This is a common ovarian tumor, which results from the abnormal proliferation of ovum. It usually occurs in young females in their 20s and 30s. It has nothing to do with pregnancy.
Ke'er:	Oh, I see. Can I conceive a baby in the future?
Abudula:	Of course. It is a benign teratoma, the prognosis is OK.
Yue Jun:	It doesn't affect the ovarian function.
Ke'er:	Does this disease recur?
Abudula:	It rarely recurs, Doctor Yue, does it?
Yue Jun:	You are right.
Ke'er:	Doctor A Du is really great, not only good at Chinese, but also medicine.
Abudula:	You're flattering me.

3. Connect Speech (Abudula to Bairuidi)

Bairuidi, a few days ago we received a patient, a pretty girl of 22, unmarried. She has suffered from bilateral ovarian teratoma and the tumor had grown quite big. So she decided to go through a minimally invasive surgery under celoscope. The operation was successful. It did no harm to the normal ovarian tissue or to the ovarian function. She can still conceive a baby as a healthy woman does. She loves to be beautiful, so feels quite cheerful since the cut is very small. As she cooperated positively with us, she recovered very quickly. On the second day after the operation, she could do well without the catheter. On the third day, she was able to get out of bed to do some appropriate exercises. Next week she will leave the hospital. Generally speaking, this kind of tumor will not recur after an operation. But in order to relieve the patient's anxiety, we suggest her to take a follow-up examination regularly and have a B ultrasound examination every half a year. I could chat with the patient fluently in Chinese. She said my Chinese is good. We are like close friends indeed. I feel so happy for that and now I am getting more and more interested in learning Chinese.

Lesson 17

Text

Characters

> Intern supervisor—Meng Le
> Interns—Kaqi, Shana, Bairuidi
> 7th the patient in bed No. 7 of ob/gyn's department—Wang Ning (female, twenty-three years old)
> Family of the patient—Sun Qiang (Wang Ning's husband)

1. Dialogue (in the doctor's office)

Meng Le:	Kaqi, Shana, have you read the case history of the patient of Bed No. 7?
Kaqi:	Yes. The patient is 23 years old and this is the first time for her to be pregnant.
Meng Le:	When is the first antenatal care?
Shana:	About 6 weeks after the first day of her last menstruation period.
Meng Le:	What was her situation at that time?
Kaqi:	She was given a vaginal examination and the size of her uterus conformed to that of gestation for six weeks.
Shana:	Afterwards, she has been given regular antenatal care. The ultrasound examination was given at the time of gestation for eighteen weeks. Everything was normal.
Meng Le:	Is there anything abnormal?
Kaqi:	It was found that the cervix uteri was not completely ripening, and was arranged to do non-stress test 2 times every week and she was asked to record the fetal movement.
Meng Le:	What about her present situation?
Shana:	It is the seventh day of her 42nd week in pregnancy and obviously the status of her cervix has been improved. NST is reactive and the fetal lie is OK, too.
Kaqi:	Doctor Meng, does it need to induce labor?
Meng Le:	Yes, we can use oxytocin to accelerate the contraction of uterus first.

2. Dialogue (in wards)

Wang Ning:	Doctor, the expected date of childbirth is overdue for almost 2 weeks. Why has not my baby been born yet?
Meng Le:	It is normal for one to give birth to a baby 2 weeks before or after the expected date of childbirth.
Sun Qiang:	I am afraid that the baby is in danger in the uterus too long.

Shana:	It is reported that there is a great deal of amniotic fluid in the uterus, and the fetal respiration and movement is normal. The pregnant mother and the fetus are all right now.
Wang Ning:	Today is already the last day of 42nd week. I only want to give birth as soon as possible.
Sun Qiang:	Perhaps you can have the cesarean section. Is that all right?
Meng Le:	The pregnant cervical status is OK, and the fetal position is normal. So there is no need to perform the cesarean section. We are going to induce it.
Shana:	Ms Wang, the nurse is going to inject the oxytocin, after that you may feel abdominal pain. Don't be nervous about that. This is how your baby greets you before birth.
Sun Qiang:	Terrific! Ah, I am going to be a father!
Shana:	You are so excited, aren't you? You will have to encourage your wife when she has labor pain.
Sun Qiang:	Of course. Darling, don't be afraid, I will accompany you.

3. Connected Speech (Shana to Bairuidi)

Bairuidi, We performed the birth-inducing operation for a post term pregnancy last week, the LNMP(last normal menstruation period) of the pregnancy is on 1st Feb 2007, the EDC(expected date of confinement) is 8th Nov 2007. When she had been pregnant for 40 weeks, we did the overall check. She was in good condition and the fetal position was normal as well. When she was pregnant for 41 and 42 weeks, we arranged her to do NST twice a week, and asked her to write down the fetal movements. The cervical status was not good at that time, but at the end of the 42nd week, the cervical status was improved obviously. The NST was OK, but she had no contraction of uterus. She and her husband were very worried about it, and they were going to have cesarean section. According to her and the fetal circumstance, we didn't perform the operation and we just gave her oxytocine to strengthen the uterine contraction. We proceeded the artificial rupture of membrane to induce, and 7 hours later, she delivered a male baby successfully. The length of the baby is 50 cm, and the weight is 3400 gram. They are very happy and we feel happy too.

附录二　交际活动

1. 你是B,消化内科的实习生。你的好朋友在妇产科实习。现在你见到他,问问她在妇产科实习的情况,比如最近负责什么病人,怎么治疗这位病人等等。

2. 你是B,负责肿瘤外科6床的实习生。6床的活检结果出来了,是乳腺纤维腺瘤。虽然这是良性肿瘤,但瘤体直径已经大于4厘米,指导医生准备对患者进行手术治疗,切除瘤体,他让你把情况告诉6床。你还要回答6床的问题,跟他解释病情和治疗方案。

3. 你是A,泌尿外科3床的病人,15岁。最近你尿频、尿急、尿痛,排尿时尿道有灼热感,膀胱一直有胀痛感,还有血尿。这种情况大概有两个月了,你对自己的病很担心。实习生来的时候,你要把自己的症状告诉他。

4. 你是B,18天前因为上腹剧痛等症状到内科看病并住院治疗,但病情越来越严重,3天前内科建议你做外科手术,把你转到肝胆外科。住院这段时间你一直发高烧,非常难受。你担心太迟做手术有危险,希望快点儿做手术。实习生来给你检查的时候,你跟他对话。

5. 你是A,妇产科的实习生。你负责的病人是个20岁的姑娘,她做了双侧卵巢畸胎瘤切除手术。这位病人还没结婚,没有怀过孕。她手术后恢复得很快,明天就可以出院了。现在你把治疗这位病人的一些情况告诉你的好朋友——消化内科的实习生。

6. 你是A,神经外科的实习生。神经外科刚收治了一位年轻的癫痫患者,这位患者有妈妈陪着,你去跟他的妈妈对话,问他发病的情况、病史、用药情况以及这次是在什么情况下发病的等等。参考使用下列词语:病毒性脑炎、癫痫、麻木、抽搐、白沫、医痫灵、迷、康复、复发、忧郁症、精神分裂症。

7. 你是B,外科的实习生。你要去问一位刚住院的病人,根据病情给他做触诊,还要回答病人提出的问题。尽量用上"肿块"、"肿瘤"、"腹股沟"、"柔软"、"光滑"、"前列腺"、"疝气"、"腹股沟疝"、"便秘"等词语。

8. 你是B,癫痫患者的妈妈。你的儿子四年前曾经因为癫痫入院治疗,最近在玩儿电子游戏时癫痫又复发了。神经外科的实习生来了解情况,你要跟他对话,把你儿子的情况告诉他。

9. 你是A,实习生莎娜,负责5号床的肝囊肿病人。这位病人叫黄河,女,50岁。马医生说她需要手术治疗,现在你要去和她说说明天做手术的事情。

10. 你是B,泌尿外科的实习生,负责3床的病人。现在你去了解3床的病情,询问他有哪些症状,并给他做直肠指诊。

11. 你是 B,叫黄河,女,50 岁。因为肝囊肿住院,在肝胆外科 5 号病床。你已经知道明天要做手术了,但是害怕手术时会很疼。你想知道马医生的手术做得好不好,还想知道肝囊肿是不是肿瘤、做完手术后要不要做化疗、手术会不会切除肝等等问题。实习医生来的时候,你要向她了解这些情况。

12. 你是 A,肝胆外科实习生。指导医生要你去了解一位病人的情况,他是 3 天前从内科转来的,在内科住院治疗 2 周,病情没有好转,内科诊断为急性坏死性胰腺炎,建议做外科手术。你去给他做检查,看看是不是应该马上做手术。尽量使用下列词语:突发、反而、恶化、时机、过(早/多/少)、协议书、签字。

13. 你是 A,肿瘤外科 6 床病人。你的乳房上长了个肿块,已经做了穿刺针活检,但你还不知道结果,你非常担心是恶性肿瘤。实习生来的时候,你问他关于自己的病情和治疗方案。

14. 你是 A,刚到外科住院的病人。昨天干活儿用力时,觉得肚子胀痛,后来发现肚子上有个肿块,晚上睡觉时又消失了,你非常担心自己得了肿瘤。实习医生给你检查的时候,你要告诉他你的病情,回答他的问题。尽量用上"肿块"、"肿瘤"、"鼓"、"便秘"等词。

附录二 练习参考答案

第一课

9. (1) 腹股沟　　(2) 柔软　　(3) 前列腺　　(4) 防止　　(5) 万一　　(6) 通畅
   (7) 伤口　　(8) 疝气　　(9) 便秘　　(10) 处理

第二课

7. (1) 深呼吸　　(2) 撞　　(3) 明确　　(4) 范围　　(5) 穿刺
   (6) 紧急　　(7) 体征　　(8) 积血　　(9) 部位　　(10) 肌紧张

第三课

7. (1) 正常值、反而、恶化　　(2) 质、均、浸润　　(3) 签字
   (4) 病变、创伤　　(5) 急腹症
9. (1) ×　(2) √　(3) ×　(4) ×　(5) ×

第四课

7. (1) 囊肿　　(2) 囊壁　　(3) 巨大　　(4) 麻药　　(5) 继发
   (6) 囊腔　　(7) 不适　　(8) 属于　　(9) 囊液　　(10) 冲洗

第五课

8. (1) 癫痫　　(2) 过度　　(3) 抢救　　(4) 抽搐、瞳孔　　(5) 康复
   (6) 窒息　　(7) 麻木　　(8) 迷　　(9) 护理

第六课

8. (1) 正规　　(2) 根治　　(3) 脑脓肿　　(4) 脖子　　(5) 的确
   (6) 水肿　　(7) 风险　　(8) 密度　　(9) 化脓　　(10) 流脓、消炎
9. (1) ×　(2) √　(3) ×　(4) ×　(5) ×

第七课

7. (1)肌肉　(2)复位、固定　(3)胶原蛋白　(4)消肿　(5)受力
   (6)韧带　(7)畸形　(8)力量　(9)远端

第八课

6. (1)膝盖　(2)骨关节炎　(3)僵硬　(4)粗糙　(5)润滑
   (6)布洛芬　(7)积液　(8)骨质增生　(9)磨损　(10)摩擦
8. A组：医生、护士、病人、实习生
   B组：膝盖、关节、关节腔、软骨
9. (1)×　(2)√　(3)√　(4)×　(5)×

第九课

7. (1)烫　(2)输尿管　(3)梗阻　(4)草酸　(5)定位
   (6)间隔　(7)形成　(8)导致　(9)血尿　(10)X线
8. (1)×　(2)√　(3)√　(4)×　(5)×

第十课

7. (1)憋尿　(2)青春期　(3)灼热　(4)前列腺液　(5)理疗
   (6)免疫力　(7)触　(8)指诊　(9)细菌　(10)温水
8. (1)难受　(2)抗生素　(3)厉害　(4)好转

第十一课

5. 化学治疗　放射治疗　物理治疗　心肌梗塞　甲状腺功能亢进症
8. (1)晚期、而且　(2)腺癌　(3)对……来说　(4)针对、放疗
   (5)抑制　(6)体检、目的　(7)下一步
9. (1)√　(2)×　(3)×　(4)×　(5)√　(6)√　(7)√　(8)×

第十二课

5. (1)B　(2)F　(3)H　(4)C
   (5)A　(6)D　(7)E　(8)G
6. (1)几率　(2)麻醉　(3)发炎　(4)恶变　(5)人体
   (6)怀孕期　(7)局部　(8)基本上　(9)先进　(10)大于

227

第十三课

5. (1) 受不了　　(2) 携带　　(3) 适合　　(4) 仍然　　(5) 乐观
   (6) 伤害　　(7) 减退　　(8) 延长　　(9) 消瘦　　(10) 戒
6. (1) ①C　②I　③F　④A　⑤B　⑥G　⑦H　⑧D　⑨E
   (2) ①D　②E　③B　④C　⑤A

第十四课

5. (1) E　　(2) A　　(3) D　　(4) F　　(5) C　　(6) B
7. (1) 哑　　(2) 同龄　　(3) 气喘吁吁　　(4) 通知单　　(5) 发育
   (6) 介入疗法　(7) 缘　　(8) 房间隔　　(9) 遗传因素　(10) 环境

第十五课

5. (1) 闭合性骨折　(2) 喘不过气来　(3) 好在　　(4) 骨质疏松　(5) 补
   (6) 镇痛药　　(7) 甚至　　(8) 肺不张　　(9) 愈合　　(10) 意外
6. (1) ①B　②C　③F　④A　⑤D　⑥E
   (2) ①E　②H　③D　④I　⑤G　⑥C　⑦B　⑧A　⑨F
8. (1) ×　(2) ×　(3) √　(4) √　(5) √　(6) √　(7) ×　(8) ×
   (9) ×　(10) √　(11) ×　(12) √　(13) ×　(14) √　(15) √

第十六课

5. (1) 选择　　(2) 导尿管　　(3) 预后　　(4) 适量　　(5) 兴趣
   (6) 肯定　　(7) 异常　　(8) 微创　　(9) 方式　　(10) 淘汰
6. (1)I　(2)D　(3)A　(4)H　(5)F　(6)C　(7)G　(8)B　(9)E
8. (1) ×　(2) √　(3) √　(4) ×　(5) √　(6) ×　(7) √　(8) ×

第十七课

3. (1) ①E　②F　③G　④A　⑤C　⑥H　⑦B　⑧D
   (2) ①F　②H　③G　④E　⑤C　⑥B　⑦D　⑧A
5. (1) 预产期　　(2) 过期　　(3) 剖腹产　(4) 无激惹试验　(5) 相符
   (6) 条件　　(7) 改善　　(8) 促进　　(9) 出生　　(10) 要不
7. (1) ×　(2) √　(3) ×　(4) √　(5) ×　(6) ×
8. (1) B　(2) D　(3) B　(4) A　(5) C
9. (7)　(1)　(5)　(3)　(6)　(4)　(8)　(2)

228

附录四　词汇总表

A

阿司匹林	āsīpǐlín	9

B

疤痕	bāhén	12
拔除	báchú	16
白沫	báimò	5
包膜	bāomó	6
闭合性骨折	bìhéxìng gǔzhé	15
边界	biānjiè	6
变形	biànxíng	8
便秘	biànmì	1
表面	biǎomiàn	14
憋尿	biē niào	10
柄	bǐng	1
病变	bìngbiàn	3
病灶	bìngzào	5
菠菜	bōcài	9
脖子	bózi	6
补	bǔ	15
不适	bú shì	4
布洛芬	Bùluòfēn	8
部位	bùwèi	2

C

餐叉	cānchā	7
草酸	cǎosuān	9
产妇	chǎnfù	17
产前	chǎnqián	17
超声心动图	chāoshēng xīndòngtú	14
潮湿	cháoshī	8
晨僵	chénjiāng	8
撑	chēng	7
程度	chéngdù	13
尺骨	chǐgǔ	7
齿	chǐ	5
冲洗	chōngxǐ	4
抽搐	chōuchù	5
出生	chūshēng	17
初次	chūcì	17
处理	chǔlǐ	1
触	chù	10
穿刺	chuāncì	2
喘不过气来	chuǎnbúguoqìlai	15
创口	chuāngkǒu	16
创伤	chuāngshāng	3
磁共振	cígòngzhèn	5
刺	cì	4
粗糙	cūcāo	8
促进	cùjìn	17
催产素	cuīchǎnsù	17
错位	cuòwèi	15

D

单独	dāndú	15
导尿管	dǎoniàoguǎn	16
导致	dǎozhì	9
的确	díquè	6
蒂	dì	1
癫痫	diānxián	5
定位	dìngwèi	9
端	duān	7
段	duàn	14
断	duàn	15

对…来说	duì... láishuō	11
对称	duìchèn	8

E

恶变	èbiàn	12
恶化	èhuà	3
恶性	èxìng	12

F

发炎	fāyán	12
发育	fāyù	14
反而	fǎn'ér	3
范围	fànwéi	2
方案	fāng'àn	4
方式	fāngshì	16
防止	fángzhǐ	1
房间隔	fángjiāngé	14
放电	fàngdiàn	5
放疗	fàngliáo	11
放射线	fàngshèxiàn	11
肺癌	fèi'ái	11
肺不张	fèibùzhāng	15
肺动脉	fèidòngmài	14
费	fèi	12
分泌物	fēnmìwù	5
风险	fēngxiǎn	6
风疹	fēngzhěn	14
缝合	fénghé	12
辅助	fǔzhù	2
负担	fùdān	8
复位	fùwèi	7
复杂	fùzá	4
腹股沟	fùgǔgōu	1

G

伽马刀	gāmǎdāo	13
改善	gǎishàn	17
钙	gài	7
肝区	gānqū	4
肝硬化	gānyìnghuà	13
~感	~gǎn	10
干活儿	gànhuór	1
肛门	gāngmén	10
睾丸	gāowán	1
隔	gé	16
根治	gēnzhì	6
梗阻	gěngzǔ	9
宫颈	gōngjǐng	17
宫缩	gōngsuō	17
骨关节炎	gǔguānjiéyán	8
骨折	gǔzhé	2
骨质增生	gǔzhì zēngshēng	8
骨转移	gǔzhuǎnyí	11
鼓	gǔ	1
固定	gùdìng	7
怪胎	guàitāi	16
关节	guānjié	8
关节腔	guānjiéqiāng	8
观察	guānchá	1
光滑	guānghuá	1
过(早)	guò(zǎo)	3
过度	guòdù	5
过分	guòfèn	3
过期	guòqī	17

H

好在	hǎozài	15
后悔	hòuhuǐ	13
(说)胡话	(shuō) húhuà	3
护理	hùlǐ	5
化脓	huànóng	6
怀孕	huáiyùn	12

环境	huánjìng	14
环状	huánzhuàng	6
会阴部	huìyīnbù	10
活检	huójiǎn	12
活组织	huózǔzhī	12

J

几率	jīlǜ	12
肌	jī	2
肌肉	jīròu	7
积血	jī xiě	2
积液	jīyè	8
基本上	jīběnshang	12
畸形	jīxíng	7
及	jí	15
急腹症	jífùzhèng	3
急性出血坏死性胰腺炎	jíxìngchūxuèhuàisǐxìngyíxiànyán	3
急诊室	jízhěnshì	2
继发	jìfā	4
甲硝唑	jiǎxiāozuò	6
减退	jiǎntuì	13
间隔	jiàngé	9
间隙	jiànxì	8
间歇	jiànxiē	2
健壮	jiànzhuàng	11
僵硬	jiāngyìng	8
交流	jiāoliú	16
胶原蛋白	jiāoyuán dànbái	7
结缔组织	jiédì zǔzhī	8
介入化疗	jièrù huàliáo	13
介入疗法	jièrù liáofǎ	14
戒	jiè	13
界限	jièxiàn	3
紧急	jǐnjí	2
浸润	jìnrùn	3
茎突	jīngtū	7
精囊	jīngnáng	10
精神分裂症	jīngshén fēnlièzhèng	5
韭菜	jiǔcài	1
局部	júbù	12
巨大	jùdà	4
绝经期	juéjīngqī	12
均(匀)	jūn(yún)	3

K

卡铂	kǎbó	11
开胸	kāi xiōng	14
康复	kāngfù	5
柯萨奇病毒	Kēsàqí Bìngdú	14
肯定	kěndìng	16

L

老	lǎo	13
老化	lǎohuà	8
乐观	lèguān	13
肋骨	lèigǔ	2
力量	lìliàng	7
联合	liánhé	6
良性	liángxìng	12
量尺试验	liángchǐ shìyàn	7
领子	lǐngzi	5
氯化钠	lǜhuànà	4
卵巢	luǎncháo	16
卵巢畸胎瘤	luǎncháo jītāiliú	16
卵磷脂小体	luǎnlínzhī xiǎotǐ	10
卵细胞	luǎnxìbāo	16

M

麻木	mámù	5
麻药	máyào	4
麻醉	mázuì	12

迷	mí	5		前列腺	qiánlièxiàn	1
泌尿	mìniào	9		前列腺炎	qiánlièxiànyán	10
泌尿道	mìniàodào	9		前列腺液	qiánlièxiànyè	10
密度	mìdù	6		浅表部	qiǎnbiǎobù	4
免疫力	miǎnyìlì	10		抢救	qiǎngjiù	5
明确	míngquè	2		切口	qiēkǒu	12
摩擦	mócā	8		青春期	qīngchūnqī	10
磨损	mósǔn	8		青霉素	qīngméisù	6
目的	mùdì	11		区域	qūyù	6
				屈	qū	7
				全面	quánmiàn	2
N				缺损	quēsǔn	14
囊壁	nángbì	4				
囊腔	nángqiāng	4		**R**		
囊液	nángyè	4				
囊肿	nángzhǒng	4		桡骨	ráogǔ	7
脑脓肿	nǎonóngzhǒng	6		人工破膜	réngōng pòmó	17
脑炎	nǎoyán	5		人体	réntǐ	12
尿道	niàodào	10		任何	rènhé	11
凝血	níng xiě	2		韧带	rèndài	7
脓	nóng	6		妊娠	rènshēn	17
				仍然	réngrán	13
O				柔软	róuruǎn	1
偶然	ǒurán	13		乳房	rǔfáng	12
				乳腺纤维腺瘤	rǔxiàn xiānwéi xiànliú	12
				软骨	ruǎngǔ	8
P				润滑	rùnhuá	8
脾	pí	2				
平片	píngpiàn	9		**S**		
破	pò	15				
破裂	pòliè	2		杀	shā	11
剖腹产	pōufùchǎn	17		纱布	shābù	5
				疝气	shànqì	1
Q				伤害	shānghài	13
气喘吁吁	qìchuǎn xūxū	14		伤口	shāngkǒu	1
气胸	qìxiōng	15		伸直型骨折	shēnzhíxíng gǔzhé	7
签字	qiān zì	3		深呼吸	shēn hūxī	2

甚至	shènzhì	15		通知单	tōngzhīdān	14
生存期	shēngcúnqī	13		同龄	tónglíng	14
生理盐水	shēnglǐ yánshuǐ	4		瞳孔	tóngkǒng	5
石膏	shígāo	7		头孢菌素	Tóubāojūnsù	6
时机	shíjī	3		透明质酸	tòumíng zhìsuān	8
似的	shìde	16		突发	tūfā	3
视觉	shìjué	5				
适合	shìhé	13		**W**		
适量	shìliàng	16		挖	wā	12
收缩期	shōusuōqī	14		外伤	wàishāng	2
受不了	shòubuliǎo	13		完好	wánhǎo	6
受力	shòu lì	7		晚期	wǎnqī	11
（骨质）疏松	(gǔzhì) shūsōng	15		万一	wànyī	1
输尿管	shūniàoguǎn	9		腕	wàn	7
属于	shǔyú	4		微创	wēichuāng	16
摔跤	shuāijiāo	15		温水	wēnshuǐ	10
双氧水	shuāngyǎngshuǐ	4		无激惹试验	wújīrě shìyàn	17
水肿	shuǐzhǒng	6		物理治疗（理疗）	wùlǐ zhìliáo(lǐliáo)	10
撕脱	sītuō	7				
损伤	sǔnshāng	2		**X**		
缩小	suōxiǎo	1		X线	X-xiàn	9
				膝盖	xīgài	8
T				细菌	xìjūn	10
胎动	tāidòng	17		下一步	xiàyíbù	11
胎儿	tāi'ér	14		先进	xiānjìn	12
胎位	tāiwèi	17		先天性心脏病	xiāntiānxìng xīnzàngbìng	14
烫	tàng	9		纤维	xiānwéi	1
淘汰	táotài	16		显示	xiǎnshì	3
体格	tǐgé	11		线	xiàn	12
～体	～tǐ	12		腺癌	xiàn'ái	11
体检	tǐjiǎn	11		相符	xiāngfú	17
体外冲击波碎石	tǐwài chōngjībō suìshí	9		消瘦	xiāoshòu	13
条件	tiáojiàn	17		消炎	xiāoyán	6
听觉	tīngjué	5		消肿	xiāozhǒng	7
通畅	tōngchàng	1		小脑	xiǎonǎo	6

协议书	xiéyìshū	3		由	yóu	16
形成	xíngchéng	9		有关	yǒuguān	1
兴趣	xìngqù	16		～于	～yú	12
胸壁	xiōngbì	15		预产期	yùchǎnqī	17
胸骨	xiōnggǔ	14		预后	yùhòu	16
胸廓	xiōngkuò	15		愈合	yùhé	15
胸膜	xiōngmó	15		原发病灶	yuánfā bìngzào	11
胸透	xiōng tòu	2		原发性肝癌	yuánfāxìng gān'ái	13
胸椎	xiōngzhuī	11		原因	yuányīn	8
修补	xiūbǔ	1		缘	yuán	14
选择	xuǎnzé	16		孕周	yùnzhōu	17
血尿	xuèniào	9				
血像	xuèxiàng	11		**Z**		
血胸	xuèxiōng	15		增大	zēngdà	1
				增厚	zēnghòu	4
Y				扎	zhā	13
哑	yǎ	14		张力	zhānglì	10
延长	yáncháng	13		胀痛	zhàngtòng	1
眼底	yǎndǐ	6		针对	zhēnduì	11
羊水	yángshuǐ	17		阵痛	zhèntòng	17
药物	yàowù	5		镇痛药	zhèntòngyào	15
要不	yàobu	17		正常值	zhèngchángzhí	3
医痫灵	yīxiánlíng	5		正规	zhèngguī	6
移位	yíwèi	15		支原体	zhīyuántǐ	10
遗传	yíchuán	14		直肠	zhícháng	10
乙肝病毒	yǐgān bìngdú	13		指诊	zhǐzhěn	10
异常	yìcháng	16		质	zhì	3
抑酸药	yìsuānyào	9		质量	zhìliàng	11
抑制	yìzhì	11		质子刀	zhìzǐdāo	13
意外	yìwài	15		窒息	zhìxī	5
因素	yīnsù	14		中耳炎	zhōng'ěryán	6
阴道	yīndào	17		中性粒细胞	zhōngxìng lìxìbāo	9
引产	yǐnchǎn	17		肿块	zhǒngkuài	1
婴	yīng	17		肿瘤	zhǒngliú	1
忧郁症	yōuyùzhèng	5		潴留	zhūliú	15

助手	zhùshǒu	4	子宫	zǐgōng	17
注意力	zhùyìlì	13	组织	zǔzhī	3
撞	zhuàng		坐浴	zuòyù	10
灼热	zhuórè	10